真宗文庫

親鸞の伝記

―『御伝鈔』の世界―

草野顕之

東本願寺出版

もくじ

本書は、二〇一一年に真宗大谷派（東本願寺）の「宗祖親鸞聖人七百五十回御遠忌」を記念して出版された『シリーズ親鸞』全十巻（筑摩書房刊）より、第六巻『親鸞の伝記―『御伝鈔』の世界』を文庫化したものです。

凡例

＊本文中、史資料の引用については、基本的に東本願寺出版（真宗大谷派宗務所出版部）発行『真宗聖典』を使用した。

＊本文中に記した現代語訳は、『御伝鈔』については赤松俊秀著『本願寺聖人伝絵序説』、日下無倫著『総説親鸞伝絵』を、『教行信証』並びに『親鸞消息』『恵信尼消息』については、教学伝道研究センター編『浄土真宗聖典　現代語版』をした。

＊本書の引用文については、読みやすさを考慮して、適宜ルビを施した。

はじめに

親鸞は自身の履歴についてほとんど語るところがなかった、とよく言われる。しかし、著名な歴史上の人物が、能弁に自己を語ることが果たしてあったのだろうか。多くの場合、歴史上の人物の伝記は、その人物が残したわずかばかりの文書や手記などと、そして多くの場合、後代の人が綴った記録によって描かれるのが普通である。

とりわけ、一宗一派の祖とされる高僧の場合、没後何年かたって、遺弟《ゆいてい》たちによってその生涯が記録されることが多い。例えば、親鸞の師であった法然の場合、最も古い法然伝は正信房湛空《たんくう》による『伝法絵流通《でんぽうえるずう》』（『本朝祖師伝記絵詞《ほんちょうそしでんきえことば》』）で、法然没後二十五年の嘉禎《かてい》三（一二三七）年に成立している。また、親鸞もそのほぼ二十年後の康元《こうげん》元（一二五六）年に『源空上人私日記《げんくうしょうにんしにっき》』を書写しているが（『西方指南抄』所収）、これは何人かの遺弟によって別々に記された記録を編集したものであるといい、統一的な視点から述べられたものではない。

法然の伝記は、以後も多くの遺弟たちがそれぞれの門流ごとに伝記を制作していくが、それらを集成して決定版の伝記、すなわち『法然上人行状絵図《ぎようじようえず》』（四十八巻伝）を完成させたのが、のちに知恩院の住持となる舜昌《しゆんじよう》である。法然没後百余年を経た文保《ぶんぽう》二（一三一八）年頃の成立という。

このように、鎌倉時代の仏教界に大きな足跡を残した法然にしても、自ら生涯を語ったわけではなく、遺弟たちが聞き及び、また書き留めていた事柄が、次第に編纂され決定版が作られていくのであるから、親鸞が自身の履歴をほとんど語らなかったとしても不思議なことではないし、それによって、親鸞伝が描けないということにはならない。

ただし、親鸞の場合その伝記の決定版は、法然の場合とは異なって、比較的単純に、しかも時間的にも早く制作されている。その『親鸞伝絵《でんね》』は、親鸞の曾孫《そうそん》である本願寺第三代覚如《かくによ》が、親鸞没後三十三年目に当たる永仁《えいにん》三（一二九五）年に完成させたものである。しかし、制作に当たって覚如は、手元（本願寺）に残された記録だけでは、親鸞の生涯を描くことができないために、親鸞が二十年ほど滞在して教化活動を行い、数多くの門弟を生み出した関東地方を訪れ、そこでの調査・取材を行ったうえで執筆に取りかかっている。

本書では、こうした覚如により制作された、親鸞伝の決定版とされる『親鸞伝絵』の成立事情とその背景を考える。次に『親鸞伝絵』の内容を紹介するとともに、その制作過程を検討することを通して含まれる課題を探る。そして、作者覚如によって収録されなかった、別の門流や地域に残された親鸞伝を検討して、それらがどこまで真の親鸞を描き伝えているのかを考えていこうと思う。

覚如画像（滋賀県蒲生郡日野町本誓寺蔵）

なお、『親鸞伝絵』とは、絵と詞書《ことばがき》（文章）とが交互に描かれた絵巻物である。後に、この絵の部分と詞書の部分とが分けられて、絵だけを集めて掛幅《かけふく》仕立てにしたものを『親鸞絵伝《えでん》』（御絵伝《ごえでん》）と呼び、詞書だけ集めて冊子や巻子に仕立てたものを『御伝鈔《ごでんしょう》』と呼んでいる。ここでは以下、絵巻物の形態を取るものについて言及する時には『親鸞伝絵』と、またその『親鸞伝絵』の内容について言及する時には『御伝鈔』と書きわけて述べていきたい。

第一章　『親鸞伝絵』の成立と背景

一　『親鸞伝絵』の成立

覚恵・覚如父子の東国巡拝

弘長《こうちょう》二（一二六二）年十一月二十八日、親鸞は弟・尋有《じんゆう》の坊舎である押小路《おしこうじ》の南、万里小路《までのこうじ》の東にあった善法院《ぜんぼういん》で九十歳の生涯を閉じた。遺骸は東山の鳥《と》辺《り》野《べの》の南・延仁寺《えんにんじ》で荼毘《だび》にふされ、遺骨は鳥辺野の北・大谷におさめられた。笠をもつ四角形の石柱（笠塔婆《かさとうば》）が墓標として建てられたようである。

十年後の文永《ぶんえい》九（一二七二）年、親鸞の末娘・覚信尼《かくしんに》は、関東の親鸞門弟の力を借りて、吉水《よしみず》の北の辺《ほとり》に仏閣を建て、親鸞の影像を安置するいわゆる大谷廟《びょう》堂《どう》を建築し、自らはその留守を受け持った。これが本願寺の濫觴《らんしょう》である。

この大谷廟堂の留守は、覚信尼の長男・覚恵《かくえ》から、覚恵の長男・覚如《かくにょ》へと受け継がれていくが、その覚恵時代の正応《しょうおう》三（一二九〇）年三月、覚恵・覚如父子は、親鸞の旧跡を巡るために関東を訪れている。

覚如の生涯を描いた『慕帰絵《ぼきえ》』によれば、この時、父子は坂東八カ国・奥州・羽州を訪れ、親鸞の旧跡を巡拝するとともに、親鸞遺弟に出会って親鸞の教えを確認しあったと述べられている。出会った遺弟として、具体的に名が挙げられているのは、相模《さがみ》国（現、神奈川県）余綾《よろぎ》山中で対面したという親鸞の子・善鸞《ぜんらん》と如信《にょしん》の父子、また下野《しもつけ》国（現、栃木県）高田門徒の中心人物で、親鸞面授の門弟であった顕智《けんち》の三人だけであるが、それはこの三人との対面が、親ことのほか印象的であったからであろう。

ともかくも、この関東の旧跡巡拝は丸々二年にも及んでおり、父子が京都へ戻ったのは正応五（一二九二）年の二月中旬のことであった。この時、覚如は関東に残る親鸞遺弟から、親鸞の行状について多くの知見を得たものと考えられる。例えば、後に述べる『親鸞伝絵《でんね》』第三段の「六角夢想」に描かれた内容は、高田門徒の本寺・専修寺《せんじゅじ》に蔵される「親鸞夢記《むき》」の内容を丸ごと取り込んだものであり、本願寺に残された史料からだけでは書きえないものである。おそらく、関東の旧跡巡拝の途上に出会った顕智から見せられたものであり、その強い印象が『慕帰絵』に顕智の名前を記した一つの理由であったともおもわれる。

こうして、関東で得た知見をもとに、覚如は帰洛二年後の永仁《えいにん》二（一二九四）年に、まず親鸞の徳を讃歎する『報恩講私記《ほうおんこうしき》』を著している。それはこの年がちょうど、親鸞の三十三回忌に相当することから思い立たれたことであった。この『報恩講私記』は、現在でも続けられているように、報恩講という儀礼のなかで拝読する講式であるから、必ずしも親鸞の行状を詳細に描いたものではない。しかし、関東の遺弟達に出会って、親鸞の人となりやその教えについて語り合った感覚が、感動的な文章表現にすこぶる反映しているように感じられる。そして、翌・永仁三（一二九五）年、覚如は親鸞一代の伝記『親鸞伝絵』を著したのである。

『親鸞伝絵』の内容

『親鸞伝絵』のオリジナル（初稿本）は、永仁三年十月中旬に完成したようであるが、それは『慕帰絵』の次の記述から知られよう。

すなわち、「永仁三歳の冬、十月中旬のころであったろうか、報恩謝徳のために本願寺聖人（親鸞）の一生の行跡を草案して、二巻の縁起を図画してよりこのかた、親鸞門流の人々は、遠国の人も近国の人もこれを敬《うやま》い褒《ほ》め称《たた》え、若者も年寄りもこれを写させ安置している」と記されている。また、『親鸞伝絵』自体の奥書にも、「時に、永仁第三の暦、応鐘《おうしょう》（陰暦十月）中旬第二天の晡時《ほじ》（日暮れ時）に至り、草書の篇を終えおわんぬ」と見られ、このことを裏付けている。

この永仁三年十月中旬に制作された初稿本《しょこうぼん》は、後に述べる真宗大谷派の本山・真宗本廟（東本願寺）の所蔵になる『本願寺聖人伝絵』（以下、東本願寺本）の奥書に、「先年、私が作った一本を所持していたが、世の中が争乱状態であったので、（本願寺が）炎上したときに焼失して、行方しれずとなった」と見られるように、建武《けんむ》三（延元《えんげん》元／一三三六）年に勃発した南北朝内乱の兵火によって本願寺とともに焼失し、行方しれずになってしまう。しかし、それ以前にこの初稿本をもとにして制作された本が、高田派本山専修寺蔵『善信聖人［親鸞］伝絵』（以下、専修寺本）と本願寺派本願寺（西本願寺）蔵『善信聖人絵』（以下、西本願寺本）として伝えられていた。

さらに、初稿本を失った覚如は、暦応《りやくおう》二（一三三九）年に書写しておいた一本に基づいて、康永《こうえい》二（一三四三）年に増訂した一本を制作する。これが真宗本廟（東本願寺）に所蔵される康永本『本願寺聖人伝絵』（以下、東本願寺本）であり、『親鸞伝絵』の完成本として重視され、本願寺教団においては、この東本願寺本が『親鸞伝絵』の標準として広まっていくのである。

まず、その完成本たる「東本願寺本」の構成を示しておくと、上巻本四段・上巻末四段・下巻本三段・下巻末四段の計十五段に調製されており、それぞれの段の内容は、以下の通りである。

【上巻本】
第一段　出家学道《しゅっけがくどう》（親鸞の俗姓と九歳での青蓮院での出家、叡山での学習）
第二段　吉水入室《よしみずにゅうしつ》（二十九歳で法然門下に入る）
第三段　六角夢想《ろっかくむそう》（六角堂に参籠し、「行者宿報偈」を受ける）
第四段　蓮位夢想《れんにむそう》（随従の門弟蓮位の夢に、聖徳太子が親鸞を礼拝する）
【上巻末】
第五段　選択附属《せんじゃくふぞく》（法然より選択集の書写を許される）
第六段　信行両座《しんぎょうりょうざ》（法然門弟三百八十人を信不退・行不退の両座に分ける）
第七段　信心諍論《しんじんじょうろん》（法然の信心と親鸞の信心の異同についての諍論）
第八段　入西鑑察《にゅうさいかんざつ》（定禅《じょうぜん》が夢にみた善光寺本願の顔が親鸞と同じ）
【下巻本】
第一段　師資遷謫《ししせんたく》（専修念仏が停止され親鸞は越後へ、流罪となる）

第二段　稲田興法《いなだこうぼう》（赦免された親鸞は常陸国稲田郷で教化を行う）

第三段　山伏済度《やまぶしさいど》（親鸞を怨む山伏が親鸞に帰依する）

【下巻末】

第四段　箱根霊告《はこねれいこく》（帰洛途中、箱根権現の夢告を受けた翁が親鸞を饗応する）

第五段　熊野霊告《くまのれいこく》（熊野代参の平太郎の夢に親鸞が現れ、神が敬屈《けいくつ》する）

第六段　洛陽遷化《らくようせんげ》（親鸞示寂、延仁寺で荼毘にふし大谷に遺骨を納める）

第七段　廟堂創立《びょうどうそうりつ》（大谷の西吉水北辺に廟堂を建てて遺骨と影像を安置）

また、この東本願寺本の各巻ごとに付される奥書《おくがき》は、以下の通りである。

【上巻本】

康永第二載［癸未］応鐘《（十月）》中旬比終画図篇訖

【上巻末】

康永二歳〔癸未〕十月中旬比依発願終画図之功畢、而間頽齢覃八旬算、両眼朦朧、雖然愍厥詞、如形染紫毫之処、如向闇夜、不弁筆点、仍散々無極、後見招恥辱者也而已

大和尚位宗昭　七十四

画工康楽寺沙弥円寂

【下巻本】

康永二歳〔癸未〕十一月一日絵詞染筆訖

沙門宗昭〔七十四〕

【下巻末】

右縁起画図之志、偏為知恩報徳、不為戯論狂言、剰又染紫毫拾翰林、其躰尤拙、厥詞是苟、付冥付顕有痛有恥、雖然只憑後見賢者之取捨、無顧当時

愚案之訛謬而已

于時永仁第三暦応鐘中旬第二天至晡時、終草書之篇訖、執筆法印宗昭

画工法眼浄賀〔号康楽寺〕

暦応二歳〔己卯〕四月廿四日、以或本俄奉書写之、先年愚草之後一本所持之処、世上闘乱之間、炎上之刻焼失不知行方、而今不慮得荒本註留之者也耳　桑門宗昭

康永二載〔癸未〕十一月二日染筆訖

釈宗昭

画工大法師宗舜〔康楽寺弟子〕

二　『親鸞伝絵』の伝来

伝来異本の研究史

前節で紹介した『親鸞伝絵』専修寺本・西本願寺本・東本願寺本の三本は、これまでの『親鸞伝絵』研究において種々比較検討の対象とされてきた。それは、この三本における段の構成や詞書《ことばがき》、また絵相《えそう》などに相当異なるところがあり、その差異を分析検討することが、親鸞の生涯を明らかにする重要な手がかりとなるからである。とりわけ、後に詳しく検討するが、六角堂での夢想と法然の吉水へ入室することとの因果関係は、三本の『親鸞伝絵』の詞書をどう解釈するかによって決まるといってもよい。こうしたことから、過去、この三本の『親鸞伝絵』研究が深められてきた。

三本のうち、東本願寺本については、初稿本から遅れること四十八年目の康永二（一三四三）年の成立であることが前掲の奥書から明らかであり、晩年の覚如が制作した完成本であるという評価は動かしようがない。しかし、専修寺本本・西本願寺本の両本については、失われた初稿本と完成本である東本願寺本との間の、どの段階の成立であるのかを巡って、特に両本の制作年次の前後関係を中心に、これまで研究が進められてきた。そこで、まずこの両本の前後関係を巡る研究史を概観してみよう。

まず専修寺本は、建武三（一三三六）年の兵火によって失われた初稿本が制作された二カ月後に成ったものである。その奥書には、

右、縁起画図之志、偏為知恩報徳、不為戯論狂言、剰又馳紫毫拾翰林、其躰尤拙其詞是苟、付冥付顕有痛有恥、雖然只憑後見賢者之取捨、無顧当時愚案之紕繆而已、
于時、永仁第三暦［乙未］応鐘仲旬第二天至于晡時、終草了、　執筆衡門
覚如

との第一奥書に続いて、

今、同歳太呂《たいりょ》（陰暦十二月）仲旬第三天、又書之

との、第二奥書を有していて、初稿本の二カ月後の十二月中旬に制作されたことが明らかである。

専修寺本の内容は、東本願寺本にみられる「蓮位夢想」（第四段）と「入西鑑察」（第八段）の二段を欠く十三段構成をとっており、現在はその全十三段を五巻仕立に調製しているが、これは後の改修によるものであり、元は上下二巻に調製されていたと考えられている。

次に、絵相に関しては、次に紹介する西本願寺本や東本願寺本が、落ち着いた色調で静的な描写であるのに対し、この専修寺本は少しく色調にメリハリを持たせ、描写は躍動感を強く感じさせる。そして、何より全十三段の場面場面の説明が、絵の中に墨書されていることがユニークで、これは西本願寺本にも

東本願寺本にもない専修寺本の特徴である。伝来の事情から察するに、高田門徒の所望によって覚如が制作したものであるから、関東門弟のために場面の説明がわかりやすく書き加えられたものと考えられている。

また、絵相の中で東本願寺本を含む三本で著しい差違を見せるのが、「廟堂創立」の大谷廟堂内部の様子である。この専修寺本は廟堂内部に安置される親鸞真影の前に笠塔婆型の石柱（廟堂創立以前の墓標）を描いているのに対し、西本願寺本は親鸞真影のない笠塔婆型の石柱のみ、また東本願寺本は親鸞真影のみが描かれている。（28～30頁図版参照）

次にこの専修寺本と比較の対象とされることの多い西本願寺本は、次の奥書を有している。

右、縁起画図之志、偏為知恩報徳、不為戯論狂言、剰又馳紫毫拾翰林、其躰最拙厥詞是苟、付冥付顕有痛有恥、雖然只凴後見賢慮之取捨、無顧当時愚案之紕繆而已、于時、永仁第三暦応鐘仲旬第二亖于晡時、終書草之篇

訖、　桑門覚如草之

微妙な文字の異同は認められるものの、専修寺本の第一奥書や東本願寺本の下巻末の奥書と酷似していて、この奥書が永仁三（一二九五）年の初稿本の奥書を、ほぼそのままに書写したものであろうことが推察できる。この奥書からだけならば、失われた初稿本と同時に制作されたものとも思われるが、これまでの研究はそう単純に結論づけてはいない。

それは例えば、西本願寺本の構成は、東本願寺本と比較すると「蓮位夢想」（第四段）を欠く全十四段になっており、専修寺本にはみられなかった「入西鑑察」（第八段）を有しているからである。すなわち、完成本たる東本願寺本へ至る経過を考えれば、初稿本≒専修寺本（全十三段）→西本願寺本（全十四段）→東本願寺本（全十五段）と、年代を経て内容が膨らんだものと考える方が自然だからである。

しかし一方で、前述したように、大谷廟堂内部の描写は、笠塔婆型の石柱の

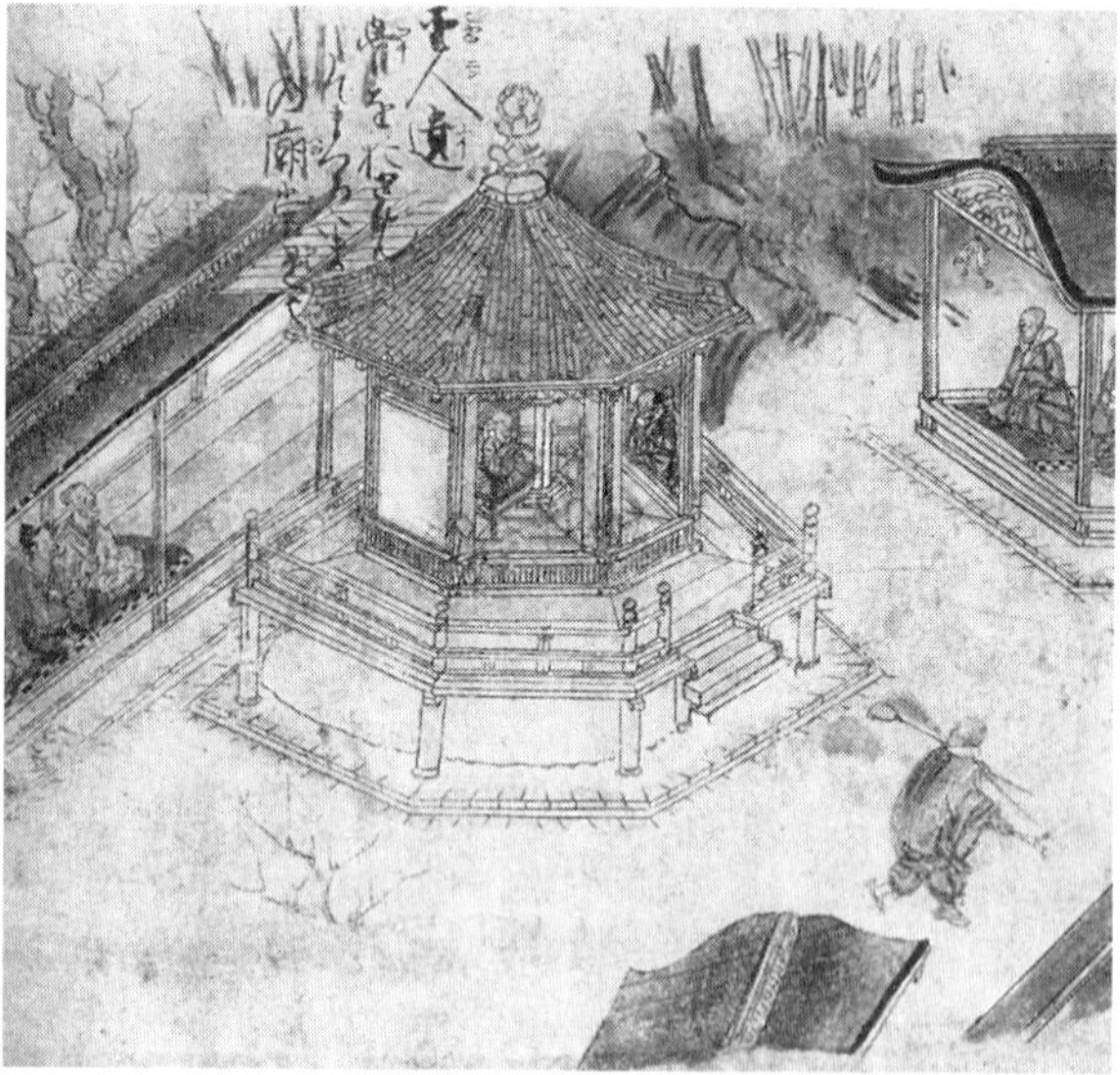

大谷廟堂『親鸞伝絵』(専修寺本)
〔廟堂内には親鸞真影と笠塔婆型石柱が安置されている。〕

大谷廟堂『親鸞伝絵』（西本願寺本）
〔廟堂内には笠塔婆型石柱のみが安置されている。〕

大谷廟堂『親鸞伝絵』(東本願寺本)
〔廟堂内には真影のみが安置されている。〕

みが描かれていて、笠塔婆型石柱のみ（西本願寺本）→親鸞真影と笠塔婆型石柱（専修寺本）→親鸞真影のみ（東本願寺本）というように、廟堂が整備されていく過程を反映したものと考えた方が、西本願寺本と専修寺本の前後を入れ替えた場合より自然であるとも考えられることなどから、この両本の前後関係を巡って、議論が沸騰したのである。

専修寺本・西本願寺本の代表的相違点

専修寺本と西本願寺本の前後関係を巡っては、前述した①奥書の内容、②段数の増減、③大谷廟堂内部の描き方、以外にも、これまで議論となったいくつかのポイントがあり、それらをどう解釈するかによって研究者の意見が食い違っている。

そのいくつかのポイントとして、まず、④表題の違いがある。すなわち、専修寺本は『善信聖人［親鸞］伝絵』であるのに対し、西本願寺本は『善信聖人絵』であって、西本願寺本により原初性《げんしょ》が感じられる。ちなみに、東本願寺本は『本願寺聖人伝絵』であるから、この三本の表題を、『善信聖人絵』→『善信聖人〔親鸞〕伝絵』→『本願寺聖人伝絵』と並べた方が表題の発展としては素直である。

また、⑤親鸞の俗姓《ぞくしょう》の述べ方にも違いがある。『親鸞伝絵』は全て「出家学道」（第一段）で親鸞の俗姓を述べることから始まるが、西本願寺本は「藤原氏大織冠乃後胤弼宰相有国卿五世の孫皇太后宮大進有範息也」と極めて単純であるのに対し、専修寺本には「大織冠藤原鎌足」と「弼宰相藤原有国」との間に、「近衛大将右大臣従一位内麿」が差し挟まれている。このことが、親鸞の俗姓をより高貴にみせるための修正とも考えられ、これも西本願寺本を初稿本に近いとする根拠の一つとされた。

次に、絵相の差異としては、⑥「六角夢想」段で親鸞に夢告を与える救世《くせ》観音は、「六角堂の救世菩薩、顔容端厳《げんようたんごん》の聖僧の形を示現して、白衲《びゃくのう》の袈裟を着服せしめ、広大の白蓮華に端坐して、善信に告命《ごうみょう》してのたまわく」と詞書にみられるのだが、西本願寺本・東本願寺本が詞書どおり蓮台に座した僧形の姿を描いているのに対し、専修寺本のみ蓮台上に直立する僧形を描いており、詞書と矛盾することから、この点では専修寺本に原初性が認められる。

こうした絵相の差違は、⑦「洛陽遷化」段で親鸞の臨終を描いた場面でも見られる。本段の詞書は「しこうして、同第八日午時、頭《ず》北面西《ほくめんさい》右脇《うきょう》に臥し給いて、ついに念仏の息たえましましおわりぬ」とあるのだが、西本願寺本・東本願寺本が文字通り頭北面西右脇で横たわる親鸞の姿を描いているのに対して、専修寺本のみが仰向けに横たわる姿に描いた後、頭北面西右脇の姿に補修していることが、調査によって明らかにされている。この点も、詞書と絵相とが食い違うことから、専修寺本の原初性を示す事例として注意されている。

以上のように、専修寺本と西本願寺本との前後関係についての論点を紹介してきたが、まとめておくと、専修寺本を先とする根拠は、②段数、⑥「六角夢想」段の絵相、⑦「洛陽遷化」段の絵相などがあり、一方の西本願寺本を先とする根拠としては、①奥書の内容、③大谷廟堂内部の描き方、④表題の違い、

⑤親鸞の俗姓、などが挙げられる。専修寺本を先とする根拠は、段数という構成に関わる問題や、絵相の原初性など、説得性が高いのに対し、西本願寺本を先とする根拠は、多く表題や詞書など文字に関わるものであり、専修寺本に較べて説得性が低い嫌いがある。ただ、③大谷廟堂内部の描き方だけが絵相に関する問題として残っており、これが説明されない限り、両本の先後を決定づけることは不可能だった。

大谷廟堂の絵相

ところが、この西本願寺本の原初性を示す重要な事例と考えられた、③大谷廟堂内部の描き方に関して、一つの有力な説が現れた。それは、この「廟堂創立」の段の詞書は、「文永九年冬の比《ころ》、東山西の麓、鳥部野の北、大谷の墳墓をあらためて、同麓より猶《なお》西、吉水の北の辺に、遺骨を掘渡して、仏閣をたて影像を安ず」とあるように、当初から仏閣と影像とが同時に建造・制作されたと述べられている。その点、専修寺本の影像の前に笠塔婆型の石柱を描く形が原初的な姿であり、西本願寺本の笠塔婆型石柱のみの堂舎は、その後の大谷廟堂のある歴史的変化を示すものではないかという考え方である。

すなわち、文永九（一二七二）年に親鸞の墓所としての堂舎＝大谷廟堂が、親鸞の末娘覚信尼と関東門弟との協力によって建てられることとなるが、その覚信尼が没した後、大谷廟堂の管理権を巡って、覚信尼の二人の息子が相争う事件が勃発する。覚信尼の長男・覚恵は覚信尼と日野広綱《ひろつな》との間に、仁治《にんじ》・寛《かん》元《げん》の頃（一二四〇～四七）に生まれ、次男・唯善《ゆいぜん》は覚信尼と小野宮禅念《おののみやぜんねん》との間に、文永三（一二六六）年に生まれていた。覚信尼は弘安《こうあん》六（一二八三）年に長男・覚恵に大谷廟堂の留守を譲るという遺書（「覚信尼最後状《かくしんにさいごじょう》」）を書き残し、間もなく没したとされるが、大谷廟堂の建てられた土地が、もともと唯善の父である小野宮禅念の私有地であったことから、唯善が廟堂を管理することの正統性を訴えて活動したのである。

正安《しょうあん》三（一三〇一）年頃から始まった両者の争いは、公家・寺家《じけ》による公的訴訟に持ち込まれて長引き、一方の当事者であった覚恵が没した後の、延慶《えんきよう》二（一三〇九）年に唯善の敗訴が決定するが、唯善はこの時、大谷廟堂の影像と親鸞の遺骨を奪取して、鎌倉の常葉《ときわ》へ逃げたのである。影像を失った大谷廟堂は、親鸞の関東の有力門弟である高田の顕智と法智《ほっち》によって二年後に復旧されるが、この間、廟堂には影像の無い石塔だけの時期があったと考えられるのである。西本願寺本が、そうした状態にある大谷廟堂を描いたものとすれば、笠塔婆型石柱のみが描かれたとしても問題はない。そう考えることができるならば、西本願寺本の成立は専修寺本より遅いものとしなければならないことになる。

また、専修寺本に描かれた親鸞影像は合掌する姿に描かれていて、後の東本願寺本などに描かれる数珠を爪繰《つまぐ》る姿ではない。近年、唯善の後裔《こうえい》と伝える千葉・常敬寺《じようきようじ》に蔵される親鸞座像が、専修寺本の影像のように合掌する姿をとっていることから、大谷廟堂当初の影像ではないかという説も出されている。その実否は確認されていないが、もし、そうでなかったにせよ、親鸞が流罪になった新潟や、二十年に及ぶ教化活動を行った関東には、合掌する姿で鎌倉時代の成立になる親鸞座像が何点か残されていて、初期真宗教団における宗祖親鸞のイメージが、合掌する姿にあった可能性は高いとも言われている。とすれば、三本が描く大谷廟堂内部の様相は、

専修寺本：大谷廟堂創立当初に制作された合掌形の親鸞像
←
西本願寺本：当初の合掌する親鸞像が唯善によって持ち出された時期
←
東本願寺本：顕智・法智によって再建された数珠を爪繰る親鸞像

を、それぞれ描いたものと考えることもできるのである。

こうして、専修寺本と西本願寺本の前後関係については、現在、やや専修寺本の原初性を評価する見解が優勢である。

「吉水入室」と「六角夢想」の年次

専修寺本と西本願寺本の詞書の差違のうち、最も問題となったのが、「吉水入室」と「六角夢想」の年次である。参考のために、東本願寺本を含む三本の詞書を示しておくと次のようである。

【専修寺本】
吉水入室　建仁第三の暦春のころ〔聖人廿九歳〕隠遁のこゝろさしにひかれて源空聖人の吉水の禅房に尋参たまひき
六角夢想　建仁三年〔辛酉〕四月五日夜寅時、聖人夢想告ましく〳〵き

【西本願寺本】
吉水入室　建仁第一乃暦春の比〔上人二十九歳〕隠遁のこゝろさしにひかれて源空聖人の吉水の禅房に尋参給き

六角夢想　建仁三年［癸亥］四月五日夜寅時、聖人夢想告まし〳〵き

【東本願寺本】

吉水入室　建仁第三の暦春のころ［聖人二十九歳］隠遁のこゝろさしにひかれて源空聖人の吉水の禅房に尋参たまひき

六角夢想　建仁三年［辛酉］四月五日夜寅時、聖人夢想の告まし〳〵き

完成本たる東本願寺本を基準にすると、専修寺本は「吉水入室」・「六角夢想」の年次はともに同じ建仁《けんにん》三（一二〇三）年としているが、西本願寺本のみ建仁元（一二〇一）年春のこととする。また、「六角夢想」は三本ともに建仁三年四月五日寅時とするものの、その干支が専修寺本・東本願寺本が辛酉《かのととり》であるのに対し、西本願寺本のみ癸亥《みずのとい》と異なっている。そして、建仁三年の干支は西本願寺本のいう癸亥が正しい。

「吉水入室」の年次に関しては、親鸞自身、『教行信証《きょうぎょうしんしょう》』（後序）において「し

かるに愚禿釈《ぐとくしゃく》の鸞、建仁辛《かのと》の酉《とり》の暦《れき》、雑行《ぞうぎょう》を棄てて本願に帰す」と、その事実を意志的に記しているから、この点については西本願寺本の記述が正しいことは明白であるが、前節で述べたように、もし専修寺本がより原初性を持っているとすれば、また東本願寺本が完成本であるならば、何故このようなことが起こったのかが明らかにされなければならない。

そこで、年次に関してもう一点注意されるのが、専修寺本や東本願寺本において、親鸞の吉水入室の年とした建仁三（一二〇三）年を、親鸞二十九歳と誤記していることである（建仁三年は親鸞三十一歳）。すなわち、覚如は親鸞が二十九歳の時に比叡山を降りて吉水の法然の元におもむいたという事実は知っていたものの、その年次を建仁三（一二〇三）年であると、この時期には錯誤していたことになる。しかも、その年次については親鸞自身が『教行信証』後序で「建仁辛の酉の暦」と記していることは、この部分を「選択附属」（第五段）にそのまま引用しているのであるから、覚如は当然知っていたことになる。そのため、専修寺本・東本願寺本の「六角夢想」を建仁三年［辛酉］と誤ってしまったのである。

　こう考えることができるなら、南北朝の兵火で失われた初稿本においても専修寺本と同じように、「吉水入室」・「六角夢想」の年次は建仁三（一二〇三）年と誤記されていたに相違ない。そして、失われるまで手元にあった初稿本から、東本願寺本の手本となった暦応二（一三三九）年書写の「或本」が作られ、それがそのまま東本願寺本に反映したと考えるのが穏当であろう。ただ、西本願寺本制作時だけ、何らかの事情で親鸞二十九歳が建仁元（一二〇一）年であったことに気づいて「建仁第一乃暦」と修正がなされ、併せて六角夢想の建仁三（一二〇三）年も正しい干支である「癸亥」に修正されたのではなかったろうか。

　想像をたくましくすると、唯善によって影像が持ち去られる寸前まで、覚如は唯善との訴訟のために、本願寺に残されていた古文書や古記録をさがし求めていたはずである。そうしたなかで、親鸞二十九歳の年次が建仁元（一二〇一）年であることに気づき、この時期の制作になる西本願寺本だけには、その正確な年号が記されたとも考えられよう。しかし、その時に初稿本の修正までにはいたらず、二十数年を経た暦応二（一三三九）年に書写した「或本」にも、その四年後に制作された東本願寺本にも、吉水入室を「建仁第三の暦春のころ［聖人二十九歳］」とし、六角夢想を「建仁三年［辛酉］」と誤ったままにしてしまったのである。

事実、専修寺本・西本願寺本・東本願寺本のあと、間もなく制作された弘願《ぐがん》本『親鸞伝絵』（東本願寺蔵）や定専坊《じょうせんぼう》本『親鸞伝絵』でも、また『親鸞伝絵』の詞書だけを取り出した『御伝鈔』の古写本である楢谷寺《ゆうこくじ》本や明性寺《みょうしょうじ》本などにおいても、同じ誤りが繰り返されている。

第二章　親鸞の俗姓

一　親鸞の血脈

俗姓についての疑問

『御伝鈔《ごでんしょう》』で冒頭述べられるのは親鸞の俗姓、すなわち家系である。そこには、以下のように記されている。

聖人の俗姓は藤原氏《うじ》、天児屋根尊《あまつこやねのみこと》二十一世の苗裔《びょうえい》、大織冠《たいしょかん》 鎌子内大臣 の玄孫、近衛大将右大臣 贈左大臣 従一位内麿《うちまろ》公 号後長岡大臣、或号閑院大臣、贈正一位太政大臣房前《ふさざき》公孫、大納言式部卿真楯《またて》息 六代の後胤、弼宰相《ひつのさいしょう》有国《ありくに》卿五代の孫、皇太后宮大進《こうたいこぐのだいしん》有範《ありのり》の子なり。

すなわち、「親鸞聖人の俗人時代の姓は藤原氏である。氏祖である天児屋根尊から二十一世に当たる大織冠〔内大臣鎌子（鎌足）〕、それから数えて四代の孫は近衛大将右大臣贈左大臣従一位内麿公である。〔内麿公は後長岡大臣とも閑院大臣とも呼ばれた、また贈正一位太政大臣房前公の孫であり、大納言式部卿真楯の子である〕この内麿公の六代の孫に当たるのが弾正大弼と参議を兼ねた有国で、その有国の五代の孫である皇太后宮大進有範の子が親鸞聖人である」と語っている。

この、親鸞の家系についてもこれまでの研究で種々に検討が加えられてきた。そもそも、親鸞についての宗外史料はほとんど見られないことから、親鸞の家系に関するこの記述も、実証することははなはだ困難である。

唯一、公家の系図集である『尊卑分脈《そんぴぶんみゃく》』の「内麿公孫」の所に、

内麿—真夏—浜雄—家宗—弘蔭—繁時—輔道—有国—資業—実綱┬有信—宗光┬経尹
　　　　　　　　　　　　　　　　　　　　　　　　　　　　　　　　　└宗業
　　　　　　　　　　　　　　　　　　　　　　　　　　　└有範┬範宴（親鸞）
　　　　　　　　　　　　　　　　　　　　　　　　　　　　　　└尋有

という系譜が見られていて、この『御伝鈔』の記述が、いかにも正しいように思える。

しかし、『御伝鈔』に「内麿公の六代の孫に当たるのが弾正大弼と参議を兼ねた有国」とある箇所を『尊卑分脈』に照らし合わせてみると、「内麿―真夏―浜雄―家宗―弘蔭―繁時―輔道―有国」の部分に相当することから、「六代の孫」とは内麿と有国との間に六人の人物が入るという意味で記されていることがわかる。これに対し、「有国の五代の孫である皇太后宮大進有範」という箇所は、「有国―資業―実綱―有信―有範」の部分に相当するが、ここでは有国と有範の間には僅かに三人の人物しか入っていない、という表現上の齟齬《そご》がみられるのである。

そもそも、『尊卑分脈』という系図集は、南北朝～室町時代の貴族である洞《とう》院公定《いんきんさだ》（一三四〇～一三九九）の原撰になるものであるが、その成立は早くとも永和《えいわ》三（一三七七）年、下限は応永《おうえい》二（一三九五）年とされ、かつ成立後に書継ぎや増補が見られることが知られている。そこで、この親鸞の系図についても、本願寺が社会的な地位を確立した時点で書き加えられた可能性もあるとされ、『御伝鈔』の俗姓すら疑われるようなこともあった。

ところが、「内麿公孫」の系譜で親鸞の従兄弟として記されている「経尹《つねまさ》」は、藤原親経《ちかつね》の養子となっていたようで、同じ『尊卑分脈』の「貞嗣《さだつぐ》卿孫」の箇所にも重複記載されている。そして、その系譜は次のようである。

親経―経尹┬範綱
　　　　　├宗業
　　　　　└有範―尋有

そして、この経尹の注記に「放埒《ほうらつ》人也、実父は式部少輔宗光《むねみつ》」とあるのである。また、先に紹介した「内麿公孫」の宗業《むねなり》の注記にも「実は経尹の子也」と記されていることから、これらをつなぎ合わせることが可能となり、

有国―資業―実綱―有信―宗光―経尹┬範綱
　　　　　　　　　　　　　　　　├宗業
　　　　　　　　　　　　　　　　└有範┬範宴
　　　　　　　　　　　　　　　　　　　└尋有

という系譜が想定されることとなった。

これによって、有国と有範との間には、資業《すけなり》・実綱《さねつな》・有信《ありのぶ》・宗光・経尹と正しく五人の人物が入ることとなり、先に指摘した表現上の齟齬は解消した。また、この想定される系譜が、鎌倉末期の成立になる専修寺蔵の『日野氏系図』や、戦国時代の本願寺内部で作成された『日野一流系図』と全く一致することから、『御伝鈔』の俗姓は正しいものと考えられるようになったのである。

結局、親鸞の祖父に当たる経尹という人物が、放埓人であったために系譜から除外されたこと、そしてその子・宗業が出世のために、自身は祖父・宗光の子であると主張したこと（『玉葉』）などにより、『尊卑分脈』の「内麿公孫」の系譜が混乱したものであろうと推測されるのである。

親鸞の伯父・範綱（章綱）

このようにほぼ確定された系譜によると、親鸞の父・有範には二人の兄弟（恐らくは兄）がいることとなる。それは範綱《のりつな》（章綱《あきつな》）と宗業である。このうち長兄とみられる範綱は、この『御伝鈔』で重要な役割を負って登場する。すなわち、親鸞は九歳の時、慈円《じえん》のもとで出家得度を遂げたと『御伝鈔』は述べているが、それは以下のようである。

興法《こうぼう》の因うちに萌《きざ》し、利生《りしょう》の縁ほかに催《もよお》いしによりて、九歳の春の比、阿《あ》伯《はく》従三位範綱卿　于時、従四位上前若狭守、後白河上皇近臣、聖人養父　前大僧正　慈円、慈鎮和尚是也、法性寺殿御息、月輪殿《つきのわどの》長兄　の貴房へ相具したてまつりて、鬢髪《びんぱつ》を剃除《たいじょ》したまいき。

すなわち、「仏法を興し、衆生に利益を与える因縁が内外に芽ばえたので、九歳の春の頃に、聖人の伯父の従三位範綱［その当時は、従四位上前若狭守で後白河上皇の近臣を務めており、聖人の養父である」が、聖人を前大僧正［慈円、慈鎮和尚のことで関白忠通の子、月輪殿兼実は一番上の兄である」の所につれて行き出家された」というのである。

この範綱については、いくつかの史料によりその立場を確認することができる。最初に範綱の名が確認されるのは、仁安《にんあん》元（一一六六）年十月二十一日に行われた朝廷の諸官を任命する儀式である「臨時の除目《じもく》」の記事である。ここで範綱は従六位上に相当する「縫殿助《ぬいどのすけ》」に任命されている。その後、兵部少丞《ひょうぶしょうじょう》を経て正六位下式部大丞《しきぶだいじょう》へと昇進し、親鸞が誕生した承安《じょうあん》三（一一七三）年頃には、式部大夫《たいふ》（従五位下）へと進んでいた。

時期を明らかにしえないが、この頃範綱は『御伝鈔』にも「後白河上皇近臣」とみられるように、院政を敷き権勢を誇った後白河《ごしらかわ》上皇の近臣となったようである。そして、安元《あんげん》三（治承元／一一七七）年に後白河法皇の側近たちが、横暴を極める平清盛等の平氏を打倒するために企てた、鹿ケ谷《ししがたに》の陰謀事件に連座して、二度捕らえられ厳しい取り調べを受けている。

しかし、範綱がこの事件に深く関与していた様子はなく、幸いまもなく再び後白河法皇の近臣として働きだしている。そして、寿永《じゆえい》元（一一八二）年の八月に催された勧修寺《かんじゆじ》八講において、「兵庫頭《ひようごのかみ》」との肩書きで、参詣の行列の前駆の一人として列している。

しかし、後白河法皇近臣としての範綱には、政治状況が激しく変化するこの時期、次々と受難が降りかかってくる。まず、寿永二（一一八三）年に平家追討のために入京した木曾義仲《きそよしなか》と、範綱が仕える後白河法皇が対立したときに、木曾義仲は後白河法皇の御所である法住寺殿を襲撃し、近臣四十三名の解任を要求したが、そのなかに兵庫頭範綱が含まれていた。この解任劇は、二カ月後源義経《よしつね》により木曾義仲が滅ぼされることによって解消するが、さらに文治《ぶんじ》元（寿永四／一一八五）年に、後白河法皇の策謀によって義経が源頼朝《よりとも》の追討を謀り、敗北して奥州へ逃れると、今度は頼朝によって法皇の近臣十二名の解任が要求された。この十二名のなかに、またもや範綱が含まれていたのである。

この二度目の解任も三年後には解消されたようで、文治四（一一八八）年十二月に、後白河法皇が新築なった六条殿に移住したときの記録には、範綱は「若狭守《わかさのかみ》」との肩書きで供奉している。このように、範綱は常に後白河法皇の近臣として仕えているが、建久《けんきゅう》三（一一九二）年に法皇が亡くなると、彼に殉じて出家することとなり、それ以降の活動については明らかではない。

いま一人の伯父・宗業

次に有範のもう一人の兄・宗業《むねなり》についても概観しておこう。宗業は兄弟三人の中で、最終的にはもっとも出世をした人物である。公家のなかで三位《さんみ》以上の官位をえた公卿の名簿である『公卿補任《くぎょうぶにん》』には、建保《けんぽう》五（一二一七）年から承久《じょうきゅう》元（一二一九）年までのわずか三年間だけであるが、「非参議従三位」としての地位でその名を確認することができる。また、当時の公家の日記などの諸記録にも数多く登場している。

　これらの史料によって、宗業の生涯をたどってみると、彼は一族の家業ともいうべき文章能力に優れており、そうした能力を生かすため文章博士《もんじょうはかせ》を目ざす文章生《もんじょうせい》としてのキャリアを、保元《ほうげん》四（平治元／一一五九）年にスタートさせる。『公卿補任』によると十八歳の時であったようである。以後、寿永二（一一八三）年四十二歳で文章博士の候補者である文章得業生《とくごうしょう》に進み、二年後の文治元（一一八五）年に文章得業生としての最終試験である「方略対策《ほうりゃくのたいさく》」を提出、正治《しょうじ》二（一二〇〇）年には五十九歳で終に文章博士の地位に就いている。そして、建暦《けんりゃく》二（一二一二）年には式部大輔《だいぶ》兼長門権守として、後鳥羽上皇の抜擢を受けて昇殿が許され、いわゆる殿上人の仲間入りを果たしたのである。

　このように、宗業は兄弟の中ではもっとも高い地位を得るのであるが、その昇進は前述したように決して早いものとはいえない。「方略対策」を提出して官吏として登用された文治元（一一八五）年に、宗業は既に四十四歳の年齢に達していて、公卿に列した人物としては極めて遅い昇進である。したがって、親鸞が出家得度する養和《ようわ》元（一一八一）年は、四十歳にもなりながら、未だ文章生という大学寮の学生《がくしょう》身分でしかなく、敢えて親鸞の養父となる意味はなかったのである。

親鸞出家得度の師

親鸞の俗系からは少し離れるが、範綱に伴われて出家得度を遂げた親鸞の師は誰であったのだろうか。『御伝鈔』は「前大僧正 慈円、慈鎮和尚是也、法性寺殿御息、月輪殿長兄 の貴房へ相具したてまつりて、鬢髪を剃除したまいき」と記して、慈円がその師であったかのように描いている。

ここにいう慈円とは、摂関家である九条家出身の天台僧で、父は関白藤原忠《ただ》通《みち》、母は藤原仲光《なかみつ》の娘・加賀《かが》である。二歳で母に、十歳で父に死別し、十一歳で延暦寺青蓮院《しょうれんいん》門跡に入り、十三歳で覚快《かくかい》法親王を師として出家、道快《どうかい》と名乗っている。同母兄に摂政関白を務めた兼実《かねざね》らが、異母兄にも摂政関白となる

親鸞得度『親鸞伝絵』（東本願寺本）
〔中央で剃髪されているのが親鸞。左奥で慈円が見守る。
右の俗体は伯父の範綱。〕

基実《もとざね》や基房《もとふさ》らがいるが、『御伝鈔』が月輪殿＝兼実を一番上の兄と記すのは、兼実が同母の長兄であったことを言ったものであろう。

慈円は二十七歳で師・覚快法親王を失うが、この年法印に叙せられて比叡山横川《よかわ》の楞厳三昧院《りょうごんざんまいいん》を相続し、さらに翌年には同じく比叡山東塔の無動寺検校《むどうじけんぎょう》に任じられている。以後、三十八歳で天台宗の最高位・座主《ざす》に就任すると、比叡山東塔無動寺谷の大乗院に勧学講《かんがくこう》を開いて天台宗義の宣揚に努めてもいる。天台座主に任じられること四度に及ぶ、鎌倉初期の比叡山天台宗を代表する僧侶であった。

『御伝鈔』はこの慈円を親鸞の師としているが、それについては早くから疑問が呈されている。それは、慈円の坊といえば青蓮院であろうと誰しも考えるが、実は青蓮院の前身である青蓮坊はこの時期比叡山上にあり、しかもその頃の住持は慈円の師・覚快であったからである。しかし、『御伝鈔』には青蓮院ではなく「前大僧正の貴房」としか記されていないので、当時慈円の坊であった三条白川の白川坊であったろうとの考えが提出されたことにより、この事実もほぼ認められるのではないかと言われてきた。

しかし、近年の研究では、他の面から推して、慈円を親鸞出家得度の師とは考えにくいという見解が出されている。それは、①まず身分制が厳格であった当時、貴族とはいえ日野家の庶流の出身でしかない親鸞が、摂関家である九条家出身の慈円を師とすることはありえないこと。次に、②慈円や兄・兼実など九条家は親鎌倉幕府派であって、当時院政を敷いていた後白河院とは反目する関係にあったので、後白河院の近臣であった伯父・範綱に伴われて慈円のもとへ行くことはありえないこと。さらに、③出家得度の名前である「範宴」の「範」の字は、父「有範」の一字を取ったものであるが、もう一字は出家得度の師から請けるのが当時一般的であったから、出家得度の師は「宴」という字をもつ僧であった可能性が高いこと、などである。

これらの考えは、まことに説得的であるが、一方ですぐ下の弟である尋有は、後に詳しく述べるように親鸞と同じく比叡山の僧となり、慈円に関係の深い白川御坊や大成就院などでの法会に列席した記録が数多く見られている。この尋有も当時の家庭状況からして伯父・範綱の世話で出家得度した可能性が高いが、後白河院と慈円との関係を考慮するとき、なぜこのように、慈円の関係する法会に数多く出席しているのかが説明できない。

さらに、比叡山での親鸞の伝承は、慈円の管領した東塔無動寺谷の大乗院に残っているし、『御伝鈔』に伝えられる比叡山時代の親鸞は、「楞厳横河の余流をたたえ」たと記されているように、慈円が検校を務めた横川楞厳三昧院での修学をも示唆している。こうした点からも、後世に親鸞が横川を修行地としていたことが、本願寺に伝えられていた可能性が高い。

以上のように、確かに親鸞出家得度の師に慈円を当てるのには無理な条件は多いが、その他の状況は慈円との親近性を語るものも多く、出家得度の師については、現状ではなかなか決しがたいのである。

二　両親ならびに兄弟

親鸞の両親

前々節で述べたように、親鸞の伯父二人については、ほぼその動向が知れるのであるが、両親についてはいかがであろうか。まず、父の有範については『御伝鈔』の冒頭部分に、「（親鸞は）皇太后宮大進《こうたいこぐのだいしん》有範の子なり」と父親としてその名が記されて以降、全く姿を現さない。覚如の門弟であった乗専《じょうせん》が著した『最須敬重絵詞《さいしゅきょうじゅうえことば》』には、年齢は記されないものの、「（親鸞は）幼稚《ようち》にして父を喪《そう》し給《たま》いける」と見え、幼い時期での死別が示唆されている。さらに、江戸時代に成立した親鸞伝には、より具体的に親鸞四歳の時に死去したとも述べられているが、この幼い時期での死別という説は、その後の研究で完全に否定されている。

それは、西本願寺に所蔵される、親鸞の玄孫（曾孫の子）に当たる存覚《ぞんかく》が書写した『無量寿経巻上』の奥書に、「正平《しょうへい》六歳［辛卯《かのとう》］十二月十五日、句を切り声を差しおわんぬ、朱点是なり、本は御室戸《みむろど》大進入道殿［有範公、上人之御親父］御中陰の時、兼有律師《けんゆうりつし》加点せらるるの由、往年承り置くの間、これを写すところなり、外題は上人御筆なり」と見られることによる。すなわちこの奥書からは、存覚が書写した『仏説無量寿経』の原本は、親鸞の弟である兼有律師が、父・有範の中陰の時に加点したものであり、外題は親鸞の筆であった、と読み取ることができるから、具体的な年代は明らかにはならないものの、親鸞の弟・兼有が経本に加点できるような年齢まで、確かに父・有範は生きていたことになるのである。

さらに、中山忠親《ただちか》の日記である『山槐記《さんかいき》』の建久三（一一九二）年四月十六日条に、出家した源光遠《みつとお》の交代人事で主殿頭《とのもりのかみ》に任じられた有範という人物がおり、これが親鸞の父・有範であるのなら、親鸞二十歳までは存命であったことが確実になる。この『山槐記』に見える有範を親鸞の父と推測する理由として、前任者である源光遠の出家は、光遠が近臣として仕えていた後白河院の死去に伴うものであったが、この時ともに出家した人物として、有範の兄である範綱がいたからであるという。すなわち、後白河院の近臣としてともに仕え、その死去に際してもともに出家した人物の弟に対して、自分の職を譲ったのではないかといわれるのである。この見解は相当説得性があり、ここに見られる有範が親鸞の父である可能性は高いと思われる。

ともかくも、こうした史料の存在から、父・有範が親鸞四歳の時に死去したとする伝承は史実とは認められないが、それならば、何故有範は長男・親鸞の出家得度に付き添わなかったのであろうか。これもよく言われるように、この時期の貴族の子弟は、一族の有力者の猶子（仮に結んだ親子関係の子）となることによって、その後の社会的地位、例えば官職官位や僧官僧位などの向上を図っていたということから説明することができるであろう。

親鸞の父・有範は最高職が「皇太后宮大進」であって、これは一般に従六位《じゅろくいの》上《じょう》の官位に相当する。しかるに、伯父・範綱は最高職が「兵庫頭」と考えられ、そうであれば従五位上《じゅごいのじょう》の官位にまで至ったことになる。しかもこの範綱は、親鸞の出家得度の当時、院政を敷いてわがもの顔に権力をふるっていた後白河院の側近として頭角をあらわしていた時期であることから、父・有範とは社会的地位において格段の差があった。こうしたことから、親鸞は伯父・範綱を猶父《ゆうふ》として出家得度に臨んだものと考えられよう。

次に、親鸞の母についてであるが、これは父・有範以上によく分からない。『御伝鈔』には一言も触れられていないし、親鸞自身の述作にも一度として現れることはない。母に関する記述が現れるのは、やはり江戸時代にできた親鸞伝からであり、『康楽寺白鳥伝《こうらくじしらとりでん》』や『親鸞聖人御一代記図絵』では「吉光女《きっこうにょ》」、『親鸞聖人正明伝』では「貴光女」という名であったと伝え、源氏の娘であったとされている。そして、いずれも親鸞八歳の時の死去を物語っている。

東本願寺学寮の初代講師である恵空《えくう》の『叢林集《そうりんしゅう》』などは母の名を「吉光女」とし、「八幡太郎義家の嫡子、対馬の守義親の息女」と具体的な系譜を明らかにしている。しかし、この義親《よしちか》は天仁《てんにん》元（一一〇八）年に没しているが、仮にその年に生まれた女子であったとしても、親鸞の誕生した承安三（一一七三）年には六十五歳の高齢となる。加えて、親鸞には弟が三〜四人有ったということを考慮すると、義親の娘が親鸞の母であったことを認めることは物理的に不可能であろう。

しかも、『尊卑分脈』によると、その義親の子である宗清の娘の注に「阿波守藤原経尹室、宗業卿・範綱等母」と見られていて、有範の父で放埒人とされた経尹の室が実は義親の孫娘であったのである。おそらく、こうした源氏と親鸞一族との婚姻関係が誤伝されて、『叢林集』の記述を生んだのではないかと考えられるのである。

また、親鸞の母は義親の娘ではなく、『尊卑分脈』にみられる義親の孫・義朝の二人の娘のうち、注記のない一人をあてる説も見られるが、これも根拠が薄弱で認めることはできない。結局、親鸞の母に関しては、今のところ全く手がかりがないといわざるをえないのである。

親鸞の兄弟

『御伝鈔』には一言も触れられないが、親鸞には何人かの兄弟がいたことは確実である。ちなみに、『尊卑分脈』の「内麿公孫」の部分では、親鸞の兄弟として尋有・兼有・有意《ゆうい》・行兼《ぎょうけん》の四名が記録されている。すなわち、親鸞は五人兄弟の長男であったという。一方、先に紹介した実悟編になる『日野一流系図』は、『尊卑分脈』と全く同じ兄弟を挙げているが、専修寺蔵『日野氏系図』は行兼を欠く四人を兄弟として掲げている。

それぞれの経歴については『日野一流系図』がもっとも詳しく、そこに記される四人の兄弟には、それぞれ、次のような注記が付されている。

尋有　山　号善法院僧都　大輔　権少僧都　東塔東谷善法院々主　中堂執行兼常行堂検校

兼有　寺　聖護院……門人　侍従　権律師　三室戸　号萱房律師　範綱卿

為子
有意　山　三位　阿闍梨　法眼
行兼　寺　刑部卿　権律師　聖護院……門人　兼有律師弟子　猶子　範綱
卿為子

ここでいう「山」は山門すなわち天台宗延暦寺系の僧であることを、「寺」は寺門すなわち天台宗園城《おんじょう》寺《じ》系の僧であることを示している。

この四人あったという兄弟のうち、他の記録によって検証できるのは、親鸞のすぐ下の弟である尋有と、さらにその下の兼有の二人だけである。

尋有は「山」すなわち天台宗延暦寺系の僧侶であったが、天台宗の門跡寺院である青蓮院の記録『門葉記《もんようき》』の仏事出仕記録等に、何度もその名を確認できる。その最も古い記事は、寛喜《かんぎ》元（一二二九）年十二月二十五日に行われた尊勝寺灌頂《かんじょう》の讃衆《さんしゅう》十六人のうちの一人として記録されており、そこには「尋有阿闍梨《あじゃり》」と記されている。すなわち、この時期は『口野一流系図』のいう権少僧都や僧都へはまだ至っていない。

「阿闍梨」の肩書きで『門葉記』にその名が確認されるのは、暦仁元（一二三八）年までの五回を数え、その次に確認される仁治《にんじ》二（一二四一）年十二月二十四日の惣持院《そうじいん》（法華総持院）での結縁灌頂の記事には「尋有律師」と記されている。この三年ほどの間に、阿闍梨から律師へ昇格したものと考えられる。以降、建長《けんちょう》二（一二五〇）年にみられる大成就院灌頂の記事まで、都合十回ほぼ毎年、「律師」の肩書きで記録されている。

そして、八年後の正嘉《しょうか》二（一二五八）年には、後述する顕智書写『自然法爾法語』（『獲得名号自然法爾御書』）に「善法坊僧都《ぜんぼうぼうそうず》」と記されているから、この八年間に僧都への昇格（あるいは『日野一流系図』にいう権少僧都をはさんで）があったことが知られ、翌正元《しょうげん》元（一二五九）年になると『門葉記』の寺家結縁灌頂にも「尋有僧都」と記されていて、翌文応《ぶんおう》元（一二六〇）年大成就院恒例結縁灌頂の出仕まで都合三回「僧都」として記録されているのである。結局、こうした諸記録類から、『日野一流系図』のいうように「僧都」が尋有の最高位であったことが確認される。

こうした次弟尋有の記録は、大部分が仏事への出仕記録であるが、その行われた場所としては、洛中では中宮御所一条殿や今出川殿などの宮中関係の建物のほか、比叡山関係では根本中堂や惣持院（法華総持院）などの比叡山東塔地区の諸堂舎、また白川御坊（後の青蓮院）や大成就院（吉水にあった慈円の坊）などの東塔関係の洛中堂舎であり、尋有が比叡山東塔東谷の所属であったことは明らかである。

また、この尋有が真宗史のうえで著名なのは、後に詳しく述べるが、晩年の親鸞が住まいし、そこで示寂した場所として『御伝鈔』がいう押小路《おしこうじ》南万里小路《までのこうじ》東の住坊が、この尋有が住していた建物であったことである。

すなわち、先にも触れた専修寺蔵顕智書写『自然法爾法語』の奥書には、「正嘉二歳戊午十二月日、善法坊僧都御坊、三条（実際は三条坊門通）とみのこうじの御坊にて、聖人にあいまいらせてのききがき、そのとき顕智これをかくなり」と見えており、最晩年の親鸞が三条（坊門）富小路《とみのこうじ》の善法坊に住んでいたことが確認できる。この顕智書写法語のいう「三条（坊門）富小路」の位置と、『御伝鈔』がいう親鸞入滅地の「押小路南万里小路東」の位置は地図上で一致する。さらに、親鸞の玄孫にあたる存覚の『存覚一期記《いちごき》』（『常楽台主老衲《じょうらくだいしゅろうのう》一期記』）に「（親鸞）上人御舎弟尋有僧都者、東塔善法院坊主也」とあることや、『日野一流系図』の尋有の項に「東塔東谷善法院々主」と注記していることから、この善法院（坊）の院主がこの尋有であったことも明らかとなるのである。

なおこの尋有については、栃木県日光輪王寺《りんのうじ》に蔵される『常行堂声明譜』という記録の、建長七（一二五五）年八月十一日に行われた「念仏三昧開白作法」に「上番預阿闍梨大法師尋有」とみられる人物がこの尋有であり、彼が栃木県の日光輪王寺に滞在して京の善法院には不在であったことから、親鸞がそこに住んでいたのではないかとの推測も出されている。しかし、先に検証したように、尋有は遅くとも仁治二（一二四一）年には「阿闍梨」から「律師」に昇格しており、この建長七年にはあるいは「僧都」への昇格も予想しうる時期であるから、この記録の「上番預阿闍梨大法師」という肩書きとは一致しない。そのことが解決されない限り、『常行堂声明譜』に見られる尋有を親鸞の弟とするのは難しいのではなかろうか。

また、次の弟・兼有については、先に紹介したように、親鸞の玄孫・存覚が書写した『無量寿経巻上』の奥書に、書写した本は兼有が加点を加え、親鸞筆の外題をもっていたと書かれていることでその名が知られるのみである。

第三章　比叡山・吉水時代の親鸞

一　比叡山時代の親鸞

修行の足跡

慈円《じえん》のもとで出家得度をした親鸞は、二十年間を比叡山で過ごしているが、この間、どのような生活を送っていたのであろうか。『御伝鈔《ごでんしょう》』は次のように簡潔に語っている。

自爾以来《それよりこのかた》、しばしば南岳天台の玄風をとぶらいて、ひろく三観仏乗の理を達し、とこしなえに楞厳横河《りょうごんよかわ》の余流をたたえて、ふかく四教円融の義に明らかなり。

これを解釈すると、「出家後の聖人は、天台宗の祖師の慧思《えじ》・智顗《ちぎ》が広めた奥深い道を問い聞き、空仮中《くうけちゅう》の三観を宗とする天台宗の教義に通じられた。また延暦寺横川の首楞厳院《しゅりようごんいん》に伝えられた法流を受け継ぎ、蔵通別円の四教融合を標榜する教義に明らかであった」ということになり、ひたすら天台教義の研鑽に努めていたように理解できる。しかし、具体的に東塔・西塔・横川とある比叡山のどこで修学していたのか、またその身分はいかなるものであったのかなどは、ここからは全く窺い知ることはできない。

それでも、江戸時代に成立した親鸞伝は、いくつかの事績を伝えている。その一つが建久《けんきゅう》二（一一九一）年に河内《かわち》磯長《しなが》の聖徳太子廟《びょう》に詣でたという伝承である。『親鸞聖人正統伝《しょうとうでん》』は同年九月十二日に磯長の聖徳太子廟へ参詣し、十三日から十五日まで三日間の参籠《さんろう》を行い、その二日目の夜に夢告をうけたと伝えている。親鸞は生涯にわたって聖徳太子に深く帰依していて、次節に述べるように比叡山を降りて吉水の法然のもとへおもむく契機も、六角堂における聖徳太子の夢告によっているから、こうした事実がなかったとはいえない。

しかし、親鸞自身の述作にも、江戸時代を遡《さかのぼ》る史料にもその事は見えないから、にわかにこの出来事を肯定することはできない。ただ、親鸞の比叡山時代の師に擬せられている慈円が、この建久二（一一九一）年に磯長の聖徳太子廟を訪れているという事実がある。すなわち、慈円の私家集《しかしゅう》である『拾玉集《しゅうぎょくしゅう》』に、「建久二年九月、如法経かきて、天王寺・太子の御はかなどにもうでて」と見られる太子のお墓とは、この磯長の聖徳太子廟に相違ないのである。このように、建久二年の九月に慈円が磯長の太子廟に参詣したことは事実であるから、その供の一人として親鸞が随行した可能性もあり、この伝承が全く根拠のない話であるとも言い切ることができないのである。

さらに、比叡山時代の親鸞にまつわる事績として、江戸時代の親鸞伝は聖光院《しょうこういん》の住持を拝命したとも伝えている。それは、『親鸞聖人正明伝《しょうみょうでん》』に見られる伝承であるが、同書によると建久九（一一九八）年親鸞二十六歳の時、親鸞は父母の菩提を弔《とむら》い、伯父・伯母の福徳を願って比叡山の西塔に一切経蔵を建てたという。人々が経蔵は東塔に建てることがふさわしいのに、何故西塔に建てるのかと問うと、親鸞は西塔は度々の兵乱によって経本の大半が散逸しているので見るに忍びなかったのだ、と答えたという。そして、特に西塔に尽力したのは、前年に聖光院の住持を拝命していたからだと述べており、事実、現在比叡山西塔には、ここが聖光院の跡地であるとして石碑まで建てられている。

親鸞が、比叡山のどこを拠点として修学していたかについては、慈円のもとで得度をしたという関係からすれば、慈円が主として属した東塔とするのが妥当であろう。慈円は東塔無動寺《むどうじ》谷大乗院で、建久六（一一九五）年九月から学問興隆のための勧学講《かんがくこう》を始めており、現在なお親鸞の修学伝承を伝える蕎麦喰《そばくい》親鸞像が安置されている。しかも、前節で触れたように、親鸞の弟である尋有も青蓮院を中心とする東塔関係の堂舎で主たる活動を行っていることから、この兄弟と東塔─青蓮院との深い結びつきを否定することはできない。

また、『御伝鈔』の記述に注意するならば、「延暦寺横川の首楞厳院に伝えられた法流を受け継ぎ」とあることから、横川との関連性も考慮するべきであろう。特に、横川楞厳三昧院にあった常行堂は、やはり慈円が検校を行っていた堂であり、後に述べる親鸞が常行三昧堂《じょうぎょうざんまいどう》の堂僧《どうそう》であったことを考え合わせると、横川も修学した可能性のある有力な地区である。しかし、いずれにしても西塔との関係は薄弱であり、先の『親鸞聖人正明伝』の伝承を、ただちに受け入れることはできない。

堂僧・親鸞

比叡山時代の親鸞の立場がより明らかとなる史料は、親鸞の妻・恵信尼《えしんに》の消息である。『恵信尼消息』は大正十二（一九二三）年に鷲尾《わしお》教導《きょうどう》氏により学界に紹介され、これに基づく親鸞伝の研究が大きく進展することとなった。この『恵信尼消息』の第三通に、比叡山時代の親鸞の立場について触れたものがあり、それには以下のような記述が見られている。

この文《もん》ぞ、殿の比叡の山に堂僧つとめておわしましけるが、山を出でて、六角堂に百日こもらせ給いて、後世の事いのり申させ給いける九十五日の

あか月の、御示現《じげん》の文なり

この文章によって、親鸞の比叡山時代の職務が堂僧であったことが明らかとなった。ところが、『恵信尼消息』が発見された当時、この堂僧という職務がいかなるものであったのか、詳しくわからなかった。比叡山の僧侶の身分としては、有力な公家出身者などがなる学生《がくしょう》と呼ばれる学問を専らにする身分と、学生に仕えたり御堂の清掃や仏花の調進などを行う堂《どう》衆《しゅう》身分があったことが知られており、当初この堂僧

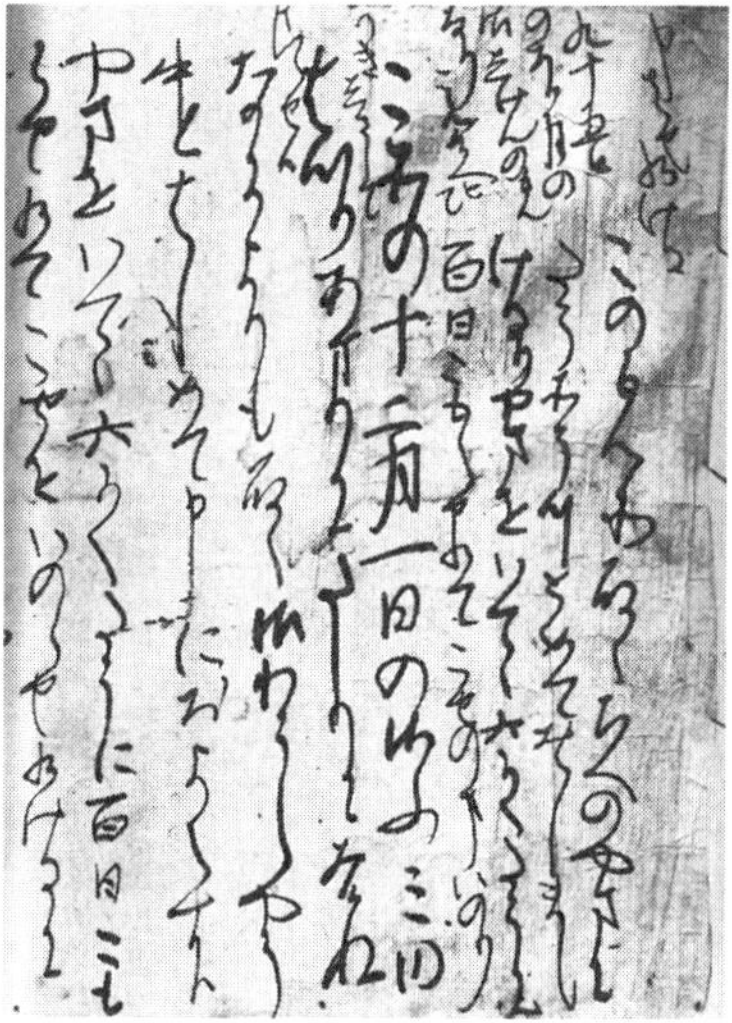

『恵信尼消息』第三通（西本願寺蔵）

を堂衆と理解して、親鸞がそうした下級の地位にあったと考えられていた。

ところが、次第に比叡山僧の実態が明らかになるにつれて、堂僧と堂衆とは別の職務であったことが明らかとなってきた。すなわち、藤原経房《つねふさ》の日記である『吉記《きつき》』や、平信範《のぶのり》の日記である『兵範記《ひようはんき》』などに、この当時比叡山には堂僧と呼ばれる人々があって、常は常行三昧堂でひたすら念仏行道を行い、洛中の寺院で法会が勤められるときには、請われて出仕する僧があったことが明らかとされたのである。

このことにより親鸞は、少なくとも比叡山を降りる寸前には、こうした常行三昧堂の堂僧として修学生活を行っていたことになる。しかも、この当時の比叡山には、東塔・西塔・横川の三地区にそれぞれ常行三昧堂があったことが知られているが、このうち、横川にあった楞厳三昧院の常行堂は、親鸞の師と伝えられる慈円が検校を務めていたことや、『御伝鈔』の記述に「楞厳横河の余流をたたえて」と記述されていることなどから、横川楞厳三昧院の常行堂に勤めていたのではないか、という推測が立てられているのである。

二　吉水時代の親鸞

六角夢想と吉水入室

親鸞は、二十九歳の建仁《けんにん》元（一二〇一）年に比叡山を降り、吉水の法然のもとへとおもむくことになる。この事実を『御伝鈔』は、次のように記している。

建仁第三の暦春のころ　聖人二十九歳　隠遁《いんとん》のこころざしにひかれて、源空聖人の吉水の禅房に尋ね参りたまいき。是すなわち、世くだり人つたなくして、難行の小路まよいやすきによりて、易行の大道におもむかんとなり。真宗紹隆《じょうりゅう》の大祖聖人、ことに宗の淵源《えんげん》をつくし、教の理致《りち》をきわめて、これをのべ給うに、たちどころに他力摂生《せっしょう》の旨趣を受得し、飽《あ》まで、

吉水入室『親鸞伝絵』（東本願寺本）
〔右手前の白い法衣が親鸞、奥が法然。〕

凡夫直入《じきにゅう》の真心《しんじん》を決定し、ましましけり

これを解釈すると、「建仁三年春のころ［聖人は二十九歳］、親鸞聖人は隠遁の思いに引かれて、法然上人の吉水の禅房を訪れられた。これは世が末になって物事に堪える人の気力が劣り、実践が難しい自力の修行は迷いが生じやすく、それを達成することは至難であることが自覚されたので、修し易い他力の修行におもむこうとされたのである。真宗を盛んにした大祖の法然上人は、特に宗の根源・教の道理を極め、それを聖人に述べられたので、たちまちに弥陀如来の他力により摂取されて往生するという旨趣を理解され、徹底的に、凡夫が直ちに報土に往生するとの真心を決定されたのです」ということになる。

美しい文体で綴られてはいるが、しかし、親鸞の生涯を考えるとき最も重要な吉水入室の理由については「隠遁の思いに引かれて」という説明だけで、すこぶる具体性を欠いているといわなければならない。そこで、これまでの研究者はその理由を解明するために努力してきた。結果、この「吉水入室《よしみずにゅうしつ》」の次の段に描かれている、「六角夢想《ろっかくむそう》」を根拠としようとする考えが一般的となった。その内容は次のようである。

建仁三年　辛酉　四月五日夜寅時、聖人夢想の告ましましき。彼《か》の『記』にいわく、六角堂の救世《くせ》菩薩、顔容端厳《げんようたんごん》の聖僧の形を示現して、白衲《びゃくのう》の袈裟を着服せしめ、広大の白蓮華に端坐《たんざ》して、善信に告命《ごうみょう》してのたまわく、

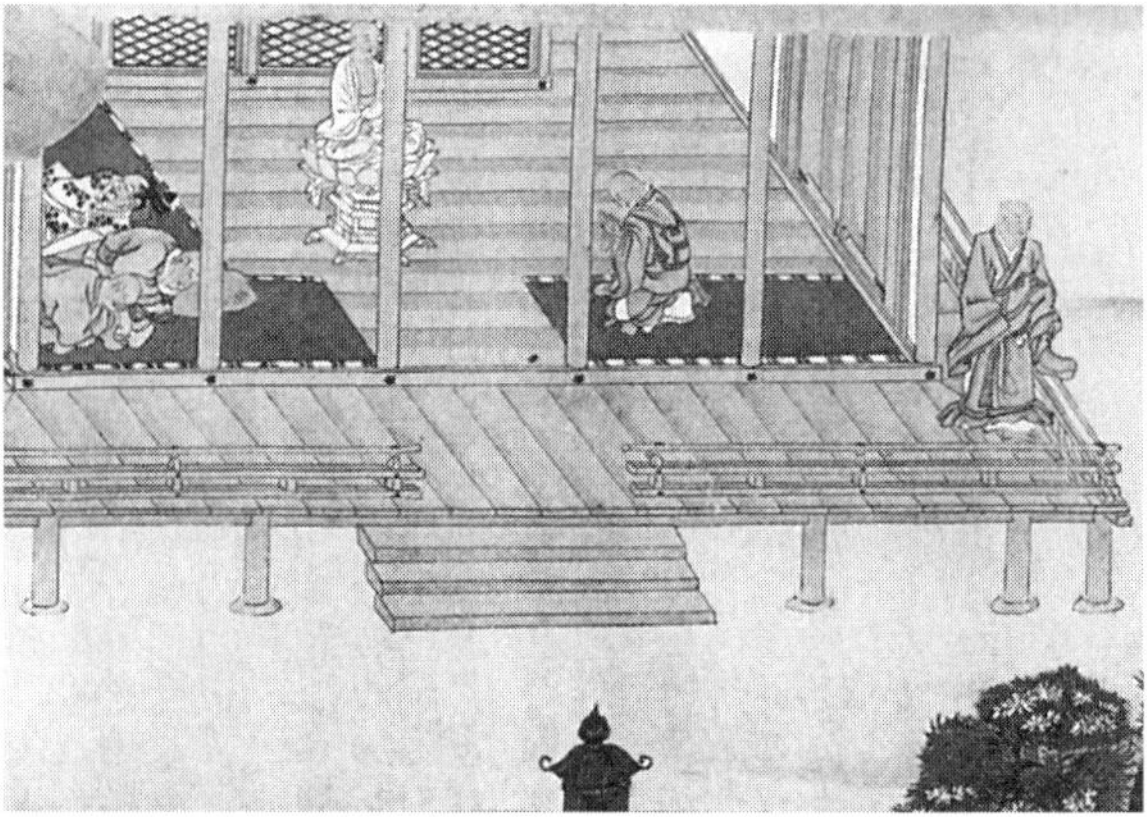

六角夢想『親鸞伝絵』(東本願寺本)
〔六角堂で救世観音の夢告をうけ(中央)、東方の有情に説ききかせる親鸞(右方)。〕

「行者宿報設女犯　我成玉女身被犯　一生之間能荘厳　臨終引導生極楽」文。救世菩薩、善信にのたまわく、「此は是我が誓《せい》願《がん》なり、善信この誓願の旨趣《ししゅ》を宣説して、一切群生にきかしむべし」と云々　爾時《そのとき》、夢中にありながら、御堂の正面にして、東方をみれば峨々《がが》たる岳山あり、その高山に数千万億の有情群集せりとみゆ。そのとき告命のごとく、此の文のこころを、かの山にあつまれる有情に対して、説きききかしめおわるとおぼ

えて、夢悟《ゆめさめ》おわりぬと云々

解釈すると、「建仁三年四月五日夜寅時、夢の中で救世観世音が親鸞聖人に対して姿を現された。彼の『親鸞夢記《むき》』によると、六角堂の救世観世音は顔姿おごそかな、悟りを開いた徳の高い僧の形で現れた。観世音は白袈裟をかけて、大きな白蓮華の上に正座して、善信（親鸞）に「行者宿報設女犯　我成玉女身被犯　一生之間能荘厳　臨終引導生極楽」と告げた。救世観世音は聖人に対して、いま述べた文は自分が立てた誓願である。そなたはこの誓願の旨趣をあまねくすべての衆生に説き聞かせよ、と命じられた。聖人はその時、夢の中で六角堂の御堂の正面の東方を見ると、高く険しい山があり、その山に多くの人々が集まっているのが見えた。聖人は命ぜられたように、観世音が示したこの文の意味を、この山に集まっている有情に説き聞かせ終わった、と思ったら、夢がさめた」という一節である。

恵信尼が記した吉水入室の経緯

『御伝鈔』において順序が逆転している「六角夢想」を、「吉水入室」の原因として理解しようとしたのは、先述した親鸞の妻・恵信尼の消息十通が発見されたからである。というのは、その一通に親鸞が山を降りて吉水の法然のもとにおもむいた事情が記されていて、それは、次のような内容であった。

山を出でて、六角堂に百日こもらせ給いて、後世を祈らせ給いけるに、九十五日のあか月、聖徳太子の文をむすびて、示現にあずからせ給いて候いければ、やがてそのあか月、出でさせ給いて、後世の助からんずる縁にあいまいらせんと、たずねまいらせて、法然上人にあいまいらせて、又、六角堂に百日こもらせ給いて候いけるように、又、百か日、降るにも照るにも、いかなる大事にも、参りてありしに、ただ、後世の事は、善き人にも悪しきにも、同じように、生死出ずべきみちをば、ただ一筋に仰せられ候いしをうけ給わりさだめて候いしかば、上人のわたらせ給わんところには、人はいかにも申せ、たとい悪道にわたらせ給うべしと申すとも、世々生々にも迷いければこそありけめ、とまで思いまいらする身なればと、ようように人の申し候いし時も仰せ候いしなり。

解釈すると、「比叡山を出て六角堂に百日お籠もりになって、後世を祈られたところ、九十五日目の暁に、聖徳太子が文を結ばれるという不思議な出来事にお遇いになったので、すぐその暁に六角堂を出られて、後世が助かる縁にお遇いになろうと尋ねられ、法然上人にお会いになって、六角堂に百日お籠もりになられたように、百日間、雨が降っても日が照っても、どんなに大切なことがあっても、法然上人のもとに参られましたが、ただ後世のことは、良い人でも悪い人でも、同じように生死（迷い）の世界を逃れて救われる道を、一途に仰ったことをはっきりと承ったので、法然上人がお出でになるところには、他人がどのように言っても、たとえ悪道に行くことになろうと言われたとしても、遠い過去から迷いの世界にあったのだからと思っている私なのでと、いろいろと人が言うときもそう仰っていました」となる。

この『恵信尼消息』の存在が、親鸞の吉水入室の大きな手がかりを与えてくれた。それは、吉水入室の最大の契機が六角堂での夢想にあったということが明らかとなったことである。このことから、多くの研究者は『御伝鈔』に描かれている「吉水入室」と「六角夢想」を、順序を逆転させて理解すべきであろうと考えるに至った。

「吉水入室」と「六角夢想」の前後関係

その際重要な点が、「吉水入室」と「六角夢想」の年次である。すなわち、年号と干支に整合性をもつ西本願寺本『親鸞伝絵《でんね》』に原初性を求めるならば、「六角夢想」は「吉水入室」の二年後になり、二つの出来事の関連性はなくなってしまう。しかし、『恵信尼消息』に明らかなように、六角堂での夢告を受けて親鸞は吉水の法然を訪れたのであるから、この二つの出来事はどうしても同じ年でなければならない。そうであれば、前章で詳しく述べたように、覚如の錯誤による年次的な誤りがあるものの、専修寺本や東本願寺本『親鸞伝絵』が示すように、この二つの出来事は同じ年、すなわち建仁元（一二〇一）年親鸞二十九歳の時と考えるべきだということになる。

覚如がこの二つの事柄を前後させてしまったのは、関東における調査・取材の過程で、この二つの出来事の関連性を確認しえなかったからに相違ない。それに加えて、『親鸞伝絵』制作段階では『恵信尼消息』を目にしていなかった可能性が高い。というのは、覚如が『恵信尼消息』を見たのは、第五通目の奥に見られる「徳治《とくじ》二年［丁未《ひのとひつじ》］四月十六日」との覚如自身による書込みから、『親鸞伝絵』初稿本制作から十二年も後の、徳治二（一三〇七）年のことと考えられるからである。

こうした結果、覚如が『親鸞伝絵』で語る「吉水入室」の思想的背景は、「世が末になって物事に堪える人の気力が劣り、実践が難しい自力の修行は迷いが生じやすく、それを達成することは至難であることが自覚されたので、修し易い他力の修行におもむこうとされた」と説明されるように、難行・易行の問題であったのに対し、『恵信尼消息』では「後世が助かる縁にお遇いになろうと」し、「後世のことは、良い人でも悪い人でも、同じように生死（迷い）の世界を逃れて救われる道を、一途に仰ったことを、はっきりと承った」と、全ての人々に開かれている平等の救済を求めた結果であるとしており、両者の思想的背景が大きく異なることになっているのである。

三　六角堂における夢告

聖徳太子の示現の内容

では、親鸞が六角堂で聖徳太子から受けたという夢告はどのような内容であったのだろうか。『恵信尼消息』はその内容を明らかにしていない。前節で述べたように、恵信尼は六角堂で親鸞が聖徳太子から受けた示現の内容を知ってはいた。しかし、それを消息の本文中には記さず、

この文ぞ、殿の比叡の山に堂僧つとめておわしましけるが、山を出でて、六角堂に百日こもらせ給いて、後世の事いのり中させ給いける九十五日のあか月の、御示現の文なり。御覧候えとて、書きしるして参らせ候う。（第三通）

この文を（中略）よく書き候わん人に、よく書かせて、持ちまいらせ給うべし。（第四通）

と、別紙に記して消息に同封し、能書家に清書してもらうよう指示しているのである。現在、恵信尼が記した別紙も、能書家に書かせたはずの清書本も残されていないから、この時恵信尼が送った文章が何であったのかを、『恵信尼消息』から知ることはできない。

ただ、『御伝鈔』の「吉水入室」段と「六角夢想」段の順序を逆転すれば、そこで言われる「行者宿報設女犯　我成玉女身被犯　一生之間能荘厳　臨終引導生極楽」の所謂「行者宿報偈《ぎょうじゃしゅくほうげ》」ということになるが、研究者によっては、『御伝鈔』の順序を逆転させることをよしとせず、『恵信尼消息』にある吉水入室の契機となった一度目の夢告と、『御伝鈔』の記す吉水入室後の二度目の夢告とを想定すべきであるとの論も、過去には見られた。

それによると、『御伝鈔』に描かれた吉水入室後の夢告は『御伝鈔』によって「行者宿報偈」であることは間違いないから、『恵信尼消息』に記された吉水入室の契機となった偈は、聖徳太子による示現の文である以上、太子に関わる別の偈文であったと考えたのである。そこで、こうした二度の夢告を想定する研究者は、親鸞真筆の一部が金沢専光寺《せんこうじ》に残されている「廟窟偈《びょうくつげ》」をそれにあてようとした。廟窟偈とは、

大慈大悲本誓願　愍念衆生如一子　是故方便従西方　誕生片州興正法
我身救世観世音　定慧契女大勢至　生育我身大悲母　西方教主弥陀尊
（真如真実本一体　一体現三同一身　片城化縁亦已尽　還帰西方我浄土）
為度末世諸衆生（有情）　父母所生血肉身　遺留勝地此廟崛　三骨一廟三尊位
過去七仏法輪処　大乗相応功徳地　一度参詣離悪趣　決定往生極楽界
（印度号勝鬘夫人　晨旦称恵思禅師）

という七言二十二句の偈文である。この偈文全文を、親鸞は自撰になる『上宮《じょうぐう》

太子御記《たいしぎょき》』に「文松子伝《ぶんまつこでん》に云く」として引用したほか、（　）部分を欠く文を『皇太子聖徳奉讃』（恵空書写本）の末尾に付録として付しており、その断簡が先の金沢専光寺蔵のものである。

親鸞が参照した『文松子伝』なる太子伝は、現在失われているが、法隆寺顕真《けんしん》の『聖徳太子伝私記』や橘寺法空《たちばなでらほうくう》の『上宮太子拾遺記《しゅういき》』など複数の太子伝に言及されていることから、実在した太子伝であることは間違いない。親鸞はこの『文松子伝』を見て、磯長の太子廟窟にこの偈文が刻まれていることに感銘を受け、『上宮太子御記』に引用したに相違ない。

ただ、このように「廟窟偈」が親鸞にとって、殊に感銘深い偈文であったとしても、この偈を含む二度の夢告を想定する論は、次のような点から無理であろうと考える。

まず①一般に、諸堂舎での参籠は切実なる願いを懸けて行うものであるが、法然と出会った喜びをそこここで表している親鸞が、吉水入室後に再び参籠をする意味が説明できないこと。次に、②「行者宿報偈」と比較するとこの「廟窟偈」からは、親鸞に吉水入室を促すような意味を読み取ることができないこと、等々である。

ことに①の問題に関しては、この吉水入室の決意について親鸞は、「雑行を棄てて本願に帰す」と明瞭に『教行信証《きょうぎょうしんしょう》』（後序）で言い切っている。そうした決意をもって法然に傾倒した親鸞が、別の何の目的を持って六角堂での参籠を続けなければならないのか、それがどうしても説明できない。法然のもとにおもむいた親鸞は、一日一時たりといえども法然の側から離れることはできなかったのではないか。『恵信尼消息』にも、「法然上人にあいまいらせて、又、六角堂に百日こもらせ給いて候いけるように、又、百か日、降るにも照るにも、いかなる大事にも、参りてありし」と見られるように、法然のもとでの一心不乱の聴聞が行われたのであろうから。

こうしたことから、現在は六角堂での夢告は、吉水入室直前の一度だけであるとする考えが有力であり、その内容は、「行者宿報偈」と考えられている。

なお一説によると、恵信尼が書き送った偈文の清書本は、親鸞没後に制作されたという熊皮御影（奈良国立博物館蔵）の右上角に貼りつけてある「行者宿報偈」を記した色紙であるという説も見られる。大変興味深い見解ではあるが、この熊皮御影の製作経過が全く不明である以上、これも推測の域をでるものではない。

「行者宿報偈」の意味

それでは、六角堂において親鸞が、聖徳太子から「行者宿報偈」を受けて吉水の法然のもとにおもむいたとするならば、親鸞はこの偈から何を読み取ったのかが明らかにされねばならない。もう一度偈文のみ掲示すると、以下のようである。

行者宿報設女犯　我成玉女身被犯
一生之間能荘厳　臨終引導生極楽

意訳すると、「行者が宿報によってたとえ女犯《にょぼん》することになれば、私が玉女の身となって犯されよう、一生の間よく荘厳して、臨終には引導して極楽に生まれさせよう」との意である。

ところで、この「行者宿報偈」が親鸞の独創であるのか、他に典拠をもつ偈文であるのかについては、いくつかの議論がある。その中で、この偈の典拠を金胎房覚禅《こんたいぼうかくぜん》が著した『覚禅鈔《かくぜんしょう》』という書物の如意輪《にょいりん》観音を説明した箇所に、以下のようにあることにおく見解は広く支持されている。その文章は以下のようなものである。

又云若発邪見心、婬欲熾盛可堕落於世、如意輪我成王玉女、為其人親妻妾共生愛、一期生間荘厳以福貴、令造無辺善事、西方極楽浄土令成仏道、莫生疑云々

解釈すると「よこしまな心がおこって、情欲が盛んとなり俗世の悪い考えに

染まろうとしたならば、私如意輪観音が王の玉女となって、その人の親しい妻妾となって愛しあい、一生の間福貴をもって荘厳し、限りない善事をつくらせて、西方極楽浄土に仏道をなさしめよう、疑いをもってはならない」ということになる。

この偈文は、正しく六角堂の本尊である如意輪観音の慈悲を示す内容である点で、親鸞が六角堂で受けた偈文に影響を与えたものとして相応しい。両者には、行者の婬欲（女犯）への衝動に対し、如意輪観音が玉女の姿となってそれを受け止め、一生の間よく荘厳して、ついには極楽浄土へ導こうと語るなど共通点が多く、親鸞がこの『覚禅鈔』の文章を見聞していた可能性は高い。

しかし両者における、決定的な差違は、「行者宿報偈」が行者の女犯への押さえられない気持ちを、「宿報」すなわち逃れることのできない人間の定めであると表現しているのに対し、『覚禅鈔』は「邪見心《じやけんしん》」すなわち行者の誤った心と表現していることであるといわれる。そして、その違いこそ親鸞が「行者宿報偈」を契機に吉水教団へおもむいた意味を物語っているのではなかろうか。すなわち、出家主義・戒律主義によって立つ天台宗などの顕密仏教においては、妻帯をして子供をもうけるという行為は、浄十往生の妨げになるのであるが、世のほとんどの人々は家庭を持ち子を育てて生きている。

こうした、人間としての自然な行為、もっといえば逃れられない定め（宿報）を生きている人間が救われないことに対する懐疑が親鸞を襲い、比叡山を降りるきっかけになったのではなかったか。『御伝鈔』では、観音はこの偈文を「此は是我が誓願なり、善信この誓願の旨趣を宣説して、一切群生にきかしむべし」、すなわち「いま述べた文は自分が立てた誓願である。そなたはこの誓願の旨趣をあまねくすべての衆生に説き聞かせよ」と親鸞に命じるのであるが、このことこそ吉水入室への大きな契機であったに相違ない。無戒・破戒の凡夫が平等に救われる道を、「女犯」という最もわかりやすく、しかもすこぶる人間的な行為に代表させて表現したのであろう。

「選択附属」

こうして法然の吉水教団に入室した親鸞は、どのような毎日を送っていたのであろうか。『御伝鈔』はこのわずか五年間の出来事を、「選択附属《せんじゃくふぞく》」・「信行《しんぎょう》両座《りょうざ》」・「信心諍論《しんじんじょうろん》」・「師資遷譴《ししせんたく》」という四段にわたって述べている。九十年の生涯を僅か十五段で描いていることから考えれば、この五年間に四段を使うというのは、この時代が親鸞にとって生涯を決定する重要な五年間であったことを意味している。

選択附属の段は、『教行信証』後序に親鸞自ら記した、法然からの『選択集』の附属と法然真影図画の許可、また夢告によって綽空《しやつくう》という入室当初の名前を改名した事実などを、そのまま引用している。これらの内容は、親鸞自ら吉水時代の出来事を記したものであるから、覚如が関東門弟からの調査・取材を経て書かれたものでは、勿論ない。

いま、この三つの出来事を可能な限り検証しておくと、まず『選択集』の書

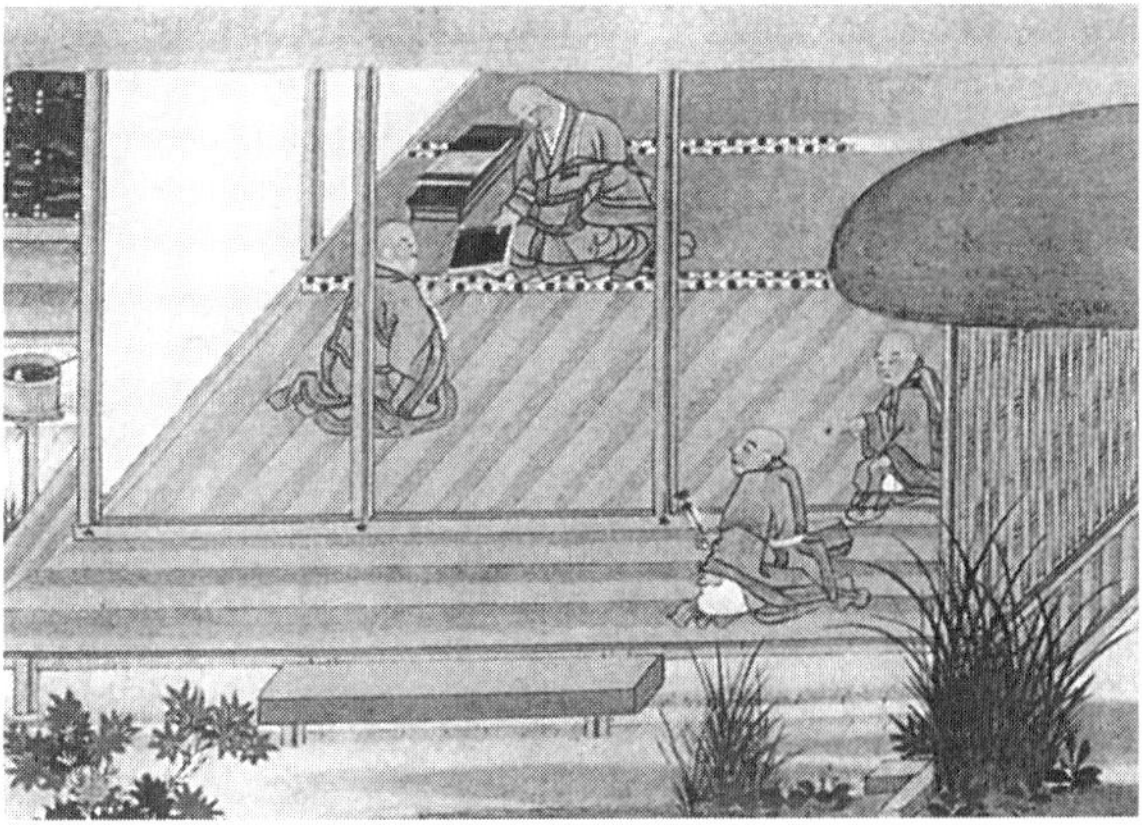

選択附属『親鸞伝絵』（東本願寺本）
〔法然から『選択集』を渡される親鸞。〕

写については、現在、親鸞書写になる『選択集』自体は伝わっていないが、正元元《しょうげん》（一二五九）年に親鸞が制作した延書本《のべがきぼん》の写本が残っているから、ほぼ認めてよかろうと思う。『教行信証』（後序）で親鸞は、書写した『選択集』に、法然から「選択本願念仏集」という内題の字と、「南無阿弥陀仏往生之業　念仏為本」の文字、そして「釈の綽空」との文字を書き加えてもらったと記している。『選択集』は、建久九（一一九八）年九条兼実の請いによって著されたもので、執筆を担当したのは、第一・二章が安楽房遵西《あんらくぼうじゅんさい》、第三章以下が真《しん》観房感西《かんぼうかんさい》であったという。そして、法然は自分が生きている間は秘蔵し、披露してはならないと命じて門弟に授けたという。『選択集』の書写が許された門弟として記録に残されているのは、長楽寺の祖である多念義の隆寛《りゅうかん》、現在の浄土宗の主流派である鎮西《ちんぜい》派の祖・聖光房弁長《しょうこうぼうべんちょう》、西山《せいざん》浄土宗の祖・善恵房証空《ぜんえぼうしょうくう》、一念義の成覚房幸西《じょうかくぼうこうさい》、紫野門徒の勢観房源智《せいかんぼうげんち》、そしてこの親鸞が数えられる。また、往生院や大谷大学に古写本が残されているから、十名程度の門人が相伝されたものと考えられる。

　その草稿《そうこう》本といわれているのは、京都・廬山寺《ろざんじ》に蔵されており重要文化財に指定されている一本であるが、この本も巻頭に「選択本願念仏集」という内題と、それに続く「南無阿弥陀仏　往生之業　念仏為先」の文字が本文とは別筆で書かれていて、この部分が法然真筆として認められている。したがって、門弟が書写した本文に法然が内題以下の文字を付して与えるという形式が、『教行信証』＝『御伝鈔』のいう『選択集』の親鸞への附属の状況とほぼ一致することからも、この『教行信証』＝『御伝鈔』の記述は認めてよいと思う。

次に、親鸞が許されたという法然真影の図画であるが、これについては、愛知県岡崎市妙源寺に所蔵される「選択相伝御影《せんじやくそうでんのごえい》」と呼ばれる法然御影がそれであると伝えられている。同図は、法然御影として著名な嵯峨二尊院の足曳御《あしびき》影や金戒《こんかい》光明寺の鏡《かがみ》御影と同様、墨染の衣に墨染の袈裟を着して、上畳《あげだたみ》に斜め左向きに座す姿で描かれているが、特徴的なのは鬢髪《びんぱつ》や髭《ひげ》が伸び、上畳の前に草履《ぞうり》が脱ぎ捨てられているという、極めて生活感溢《あふ》れる絵相に描かれていることである。注目されるのは画面右上に短冊状に胡粉《ごふん》を塗り、そこに「南無阿弥陀仏」の六字名号を記しているが、その文字が前述した廬山寺本『選択集』の巻頭に見られた法然真筆の六字名号と酷似していて、「選択相伝御影」と伝える寺伝の信憑性を高めている。

最後に夢告による改名の件であるが、これを『御伝鈔』は次のように記している。「また夢告によって綽空の名のりを改めることになり、法然上人は肖像の銘文を書かれたと同じ日に、同じく自筆で名のりの字をお書きになった」

選択相伝御影（妙源寺蔵）

と。この改名については、従来、比叡山で範宴《はんねん》と名のっていた親鸞は、吉水に入室してから法然の法名である源空の空の字をもらって綽空と名のっていたが、この選択附属を契機に「善信《ぜんしん》」と改名したといわれてきた。

しかし、近年「善信」は親鸞の房号であり、その生涯の中で範宴→綽空→親鸞と法名を変えていっても、一貫して「善信（房）」との房号を名のっていたのではないかとの新説が現れた。確かに、妻・恵信尼の消息には「善信の御房」という言い回しが二通で確認され、「善信（房）」が親鸞の房号であるように理解することができる。また親鸞自身、明らかに親鸞と名のっている晩年の著述や消息においても、「善信」との署名を並行して使ったり、消息において自身を「善信」と名のっている事実もあり、史料的には「善信」は長期にわたる一貫した房号、法名は範宴→綽空→親鸞と改名したと考える方が妥当性が高い。

ただ、名のりの変更は、その時々の親鸞の立場や思想的課題を反映しているはずであるから、この時の改名が「善信」であった場合と、「親鸞」であった場合の差違、すなわち善信であれば善導《ぜんどう》と源信《げんしん》に、親鸞であれば天親《てんじん》と曇鸞《どんらん》に思想的な課題を見いだそうとしていたと考えられるが、そのいずれが吉水時代の親鸞の課題として適切か、その検討がなされなければ、この問題は解決しえない。

「信行両座」と「信心諍論」

さて『御伝鈔』には、吉水時代の親鸞に関する逸話として、「信行両座」と「信心諍論」の話が大きく取りあげられている。この二つの出来事に関しては、年代が明らかにされておらず、事実か否かについても議論の多いところである。

まず、『御伝鈔』が取りあげるのが「信行両座」である。これは、法然の吉水教団には三百八十人もの門弟があったが、その多くは法然の教えを受けつつも、それを理解するものは僅かな人数であったという。そして、それを見かねた親鸞が、ある時、同門として交際している人々の中に、浄土往生の信を得ている人がどれほどいるのかを試したい、と法然に願うのである。法然がそれを許すと、親鸞は翌日参集した門弟等に対し、「今日は信不退《しんふたい》の座と行不退《ぎょうふたい》の座をもうけることとしたので、どちらに着かれるかそれぞれ示されよ」と発言する。

これに対して門弟等は、親鸞の問おうとする意味もわからず呆然としていたのに対して、聖覚《せいかく》と信空《しんくう》の二人は信不退の座に着こうと発言した。また、遅参した法力《ほうりき》（熊谷直実）も事情を聞いて、信不退の座に着こうと言った。ところが、他の門弟等は誰も意思表示をしなかったので、親鸞も信不退の座に記帳したところ、法然が自ら私も信不退の座に連なりましょうと発言するのである。そこで、発言をしなかった弟子等は頭を下げたり、怒りと後悔の表情を表したりした、という話である。

次に紹介されるのが、「信心諍論」の逸話である。これは、親鸞が語ったという書き出しで、親鸞がある時、法然の前に聖信房《しょうしんぼう》・勢観房《せいかんぼう》・念仏房や、その他弟子が多くいた時に、「法然上人の信心と自分の信心と少しも変わることはない、一つである」と発言したのである。それを聞いた他の門弟等が、とがめてその訳を聞くと親鸞は、「知識や見聞の上で等しいというのなら分不相応だが、信心は自分のものではなく弥陀如来の他力によって得られたものであるから、変わりはないといったのだ」と返答する。

信行両座『親鸞伝絵』（東本願寺本）
〔左手奥の法然の手前で名前を記帳するのが親鸞。背後の聖覚と信空、遅参した法力が信不退の席に着くと発言した。〕

このやりとりを聞いていた法然が、「信心が変わるというのは自力の信の場合である。他力の信心は、善悪の凡夫ともに如来から賜ったのであるから自分の信心も善信房（親鸞）の信心も少しも変わらない、同じである」といい、さらに「信心が異なっている人は、自分がまいる浄土へはよもや来られないであろう」と付け加えたため、多くの門弟は舌をまき、あるいは口を閉じたというものである。

以上の二つの吉水における逸

信心諍論『親鸞伝絵』（東本願寺本）
〔奥に座す法然の面前で諍論する親鸞（右側前席）と、
聖信房・勢観房・念仏房等（左側）。〕

話については、これまで次のように考えられてきた。すなわち、後者の信心諍論については、『歎異抄《たんにしょう》』に故聖人すなわち親鸞の物語として、ほぼ同様の事件を記載していることから、史実として間違いないと。しかし、『御伝鈔』の作者である覚如が、『歎異抄』を参照して、この信心諍論を記述したのかどうかは明らかではない。というのも、『歎異抄』の最も古い写本は、西本願寺に蔵されている蓮如写本であって、覚如時代の本願寺に『歎異抄』があったかどうかは定かではないのである。

覚如の長子・存覚の制作になる聖教目録である『浄典目録《じょうてんもくろく》』には同書は見られず、蓮如の子・実悟の編になる『聖教目録聞書《しょうぎょうもくろくききがき》』に至って、ようやくその名が確認される。したがって、『歎異抄』は蓮如時代に至って本願寺に蔵されたとも考えられ、覚如が関東での取材によってこの逸話を知った可能性もある。そうであれば、南北朝時代の関東にこの話が伝わっていたこととなり、この「信心諍論」についてはすこぶる信憑性が高いことになる。

一方、前者の「信行両座」についてはいかがであろうか。一般にはこの「信行両座」に類する話が、他の文献に全く見られないことから、その史実性については疑問がもたれている。しかし、この時期の法然教団にあった一念と多念の議論が反映した逸話ではないかと見る研究者もいる。すなわち、法然の多くの門弟の中で、一念義《いちねんぎ》すなわち一声の念仏で信心をえた行者は救われるとする立場と、多くの念仏を唱えて念仏の功徳で往生を遂げようとする多念義《たねんぎ》の行者がいたことはよく知られている。

この一念義の立場は一念の信を重視する立場に近く、多念義の立場は念仏を行として行おうとする立場に近い。したがって、こうした吉水教団の一念多念をめぐる議論が、信不退・行不退に区分けしようとする議論に展開したと考えることもできるであろう。しかし、傍証史料に乏しいいまは、これ以上立ち入ることはできない。

光明本尊と聖覚・信空

さらにもう一点、この信行両座を吉水の門弟たちに問うた時、最初に信不退の立場を鮮明にした聖覚と信空という二人がいたことは既に述べた。この二人について興味深いのは、親鸞が開教した関東の初期真宗の中で、この二人を特別視する史料が残されているのである。それは、荒木《あらき》門徒（後の仏光寺派）や高田門徒（高田派）などの寺院に残されている光明本尊である。

光明本尊は、中央に「南無不可思議光如来」と大書し、向かって右に「帰命尽十方無碍光如来」、左に「南無阿弥陀仏」の三名号を金字で記し、左右に釈迦弥陀二尊、そして向かって左上部に、インド・中国の高僧たち、向かって右中段から上部にかけて、聖徳太子と日本の高僧たちを描くという、独特の本尊である。その、向かって右側上部には、法然・親鸞とともに、吉水教団のメンバーとして必ず聖覚と信空が描かれるのである。

この光明本尊は、多くは南北朝期の制作とされているが、その原型と目されている愛知県・妙源寺蔵の三幅一対の光明本尊は、札銘《さつめい》が高田門徒の真仏《しんぶつ》筆といわれており、この真仏は親鸞より先に没しているから、親鸞在世中の作品であるということになる。とすれば、その構成に親鸞が関わった可能性もあり、そうなれば聖覚と信空を描くことを親鸞が提案した可能性もある。

その時、親鸞が何故数ある吉水教団の高弟たちの中からこの二人を選び出したのかを考える時、根拠となる逸話はこの信行両座の話しかないであろう。事実、光明本尊を解説したといわれる存覚の『弁述名体抄《べんじゆつみようたいしよう》』では、信空と聖覚について「この二人は同学のなかで、特に親鸞聖人と安心が一致していた」と述べられているが、これこそ信行両座において信不退の座に着したたという安心の一致が、光明本尊の構図に反映したと考えるのが妥当なのではなかろうか。

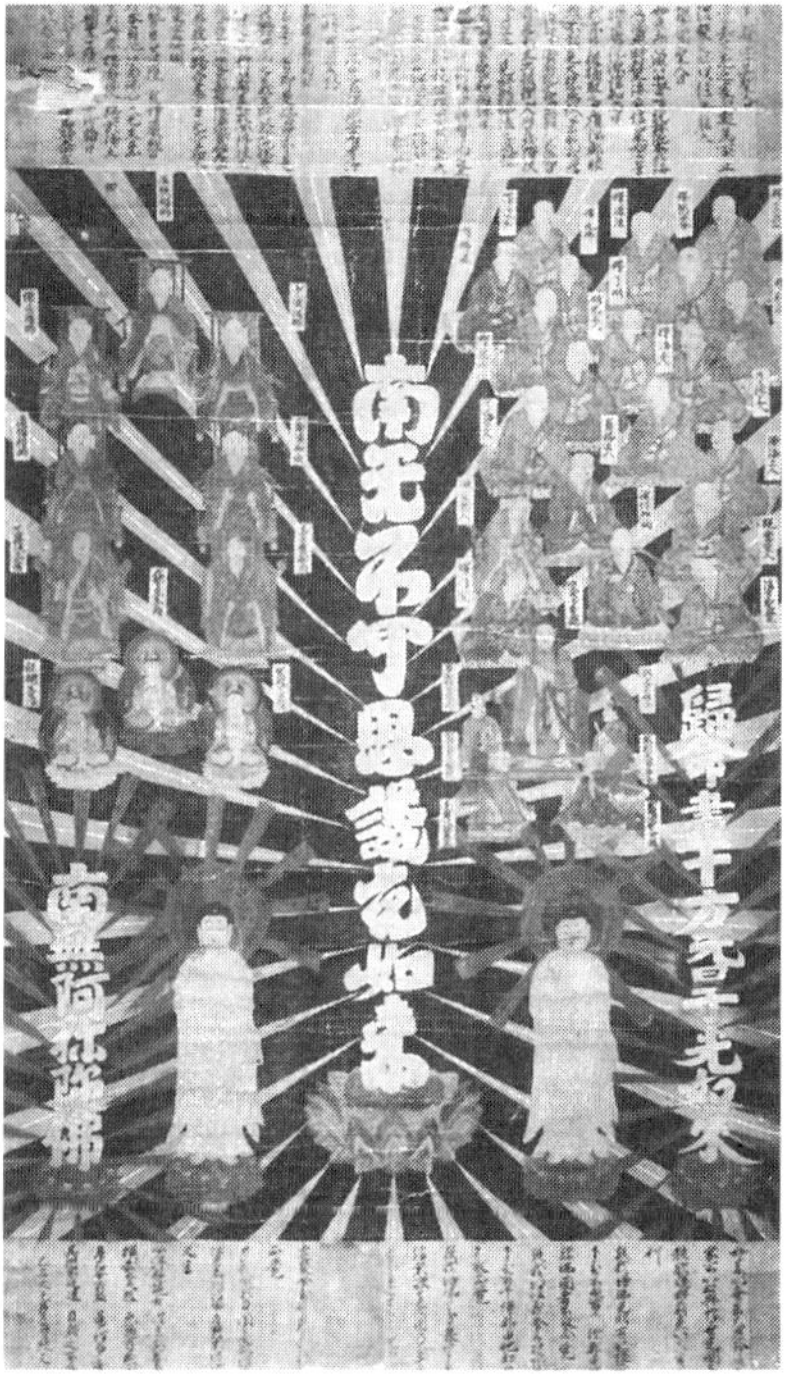

光明本尊（滋賀県長浜市西通寺蔵）

四　「蓮位夢想」と「入西鑑察」

「蓮位夢想」段

さて、吉水時代の親鸞と師の法然との間にどのような出来事があったのかについては、以上に述べたところであるが、不思議なことに、後の時代の出来事を描いた段が、この間に二段差しはさまれている。『御伝鈔』はおおむね編年体で親鸞の行状を追っているが、その流れを無視するかのような構成をとっているのが、第四段の「蓮位夢想《れんいむそう》」と第八段の「入西鑑察《にゅうさいかんざつ》」の両段である。

まず、第四段の「蓮位夢想」の段は次のようなものである。

建長《けんちょう》八歳　丙辰《ひのえたつ》　二月九日夜寅時、釈蓮位夢想の告に云わく、聖徳太子、親鸞聖人を礼したてまつりましてのたまわく、「敬礼大慈阿弥陀仏

蓮位夢想『親鸞伝絵』（東本願寺本）
〔横臥する蓮位の夢に現れて、親鸞を拝礼する聖徳太子。〕

為妙教流通来生者　五濁悪時悪世界中　決定即得無上覚也。」しかれば祖師聖人、弥陀如来の化現にてましますという事明らかなり。

すなわち、「建長八年［丙辰］二月九日夜寅時に蓮位に夢の告があり、聖徳太子が親鸞聖人を拝礼して次のように述べた。「敬礼大慈阿弥陀仏　為妙教流通来生者　五濁悪時悪世界中　決定即得無上覚也」であるから、親鸞聖人は弥陀如来がこの世に現れた仮のお姿であることは明らかである」ということである。

ここに言われる建長八年は一二五六年にあたるが、それは親鸞八十四歳のことであり、吉水時代からは五十年以上後のことである。『御伝鈔』の時代的な流れからすれば、下巻末の「洛陽遷化」の直前に配置すべき段であり、編年を全く無視した構成である。

この段で夢を見たといわれる蓮位は、『親鸞聖人門侶交名帳《もんりょきょうみょうちょう》』に「洛中居住弟子」としてその名が挙げられているほか、坂東本『教行信証』の「証巻」「真仏土巻」の表紙に、親鸞の筆跡で「釈蓮位」の袖書《そでがき》が見られている。さらに、『御消息集（善性本）』によると、下野高田の慶信《きょうしん》が如来等同説などについて、京都の親鸞に教示を請うた手紙を取り次いでおり、親鸞の返信に添状を記して親鸞の言葉を詳しく伝えてもいる。これらのことから、蓮位は晩年の親鸞に常随していた重要な門弟であったことは明らかであり、時期的な齟齬《そご》はない。

またこの蓮位は、後世の本願寺で寺侍《てらざむらい》を務めた下間《しもつま》氏の祖・宗重《むねしげ》であるともいい、『下間系図』によると宗重は源頼政《よりまさ》の末裔で、一族の頼茂《よりしげ》が謀反を行った時同調し、三条河原で処刑されようとした時に親鸞に救われて以来、常随の門弟になったとも伝えている。

その蓮位が、聖徳太子が親鸞を拝礼して、「敬礼大慈阿弥陀仏」以下の文を述べたという夢を見たというのである。これを受けて覚如は、親鸞が阿弥陀如来の化現であると述べるのが本段の内容である。この蓮位夢想の内容は、覚如の『口伝鈔《くでんしょう》』にさらに詳しく記されているが、そこには「蓮位房夢想の記」に記されていると書かれているから、そうした記録が当時の本願寺には残されていたのかもしれない。

「入西鑑察」段

さて、もう一つの後代の逸話が吉水時代に差しはさまれているのが第八段の「入西鑑察」である。

その内容を述べると、親鸞の弟子であった入西房《にゅうさい》は、日頃から親鸞の肖像を写したいという志があったが、それを言い出せないでいた。親鸞は入西房にそうした願いがあることを察し、「七条辺に居住する定禅法橋《じようぜんほつきよう》に写させたらよい」と言った。入西房はこれを喜んで定禅を呼び寄せたところ、定禅は親鸞の顔を見て、感激しながら次のように言うのである。「昨夜、不思議な夢を見ました。その夢の中で拝した聖僧《しようそう》のお顔は、いま向かいあっているお顔と少しも違ったところがありません」と。

さらに定禅は、その夢を次のように語った。「夢で貴僧が二人来訪したが、そのうちの一人の僧が「この権化の僧の肖像画を写そうと思う願いがある、あなたが筆をとってほしい」と言った。そこで定禅が「その権化の僧はだれですか」と問うと、その僧が言うには「善光寺の本願御房がこの人である」と。そこで定禅は手のひらを合わせ跪《ひざまず》いて、夢のなかに思ったのは、この権化の僧は生身《しようじん》の弥陀如来であると、身の毛もよだって敬い尊んだ。僧が言うには、「このかたの頭部・髪部のみを写したらよい」と。このような問答をやりとりして夢がさめた。ところが、今この貴房に参って拝見した親鸞のお姿は、夢のなかの聖僧と少しも異ならない」と言って喜びの余り涙を流した。そして、「それならば夢のとおりにしよう」ということで、この時も頭部・髪部だけを写した。

定禅の夢想というのは仁治《にんじ》三（一二四二）年九月二十日のことである。よくよくこのめずらしく不思議なめでたいしるしを考えてみると、聖人が弥陀如来のこの世へ現れたお姿であることは明らかである。したがって聖人がおひろめになった教行は、おそらく弥陀如来が直接にお説きになった説法というべきであろう、というものである。

この話は、親鸞の門弟入西が親鸞の肖像を願い、それを描かせようとした絵師定禅が、昨夜見た夢を語るという形式で進められている。その定禅の夢に現れた貴僧は善光寺の本願御房であるといま一人の貴僧から紹介されるが、その本願御房の顔は親鸞と少しも異ならなかったというのである。また、この事があったという仁治三年は一二四二年のことであり、親鸞七十歳にあたり、やはり編年を無視した構成であることは明らかである。

そこでまず、親鸞の肖像を願ったという入西について確認すると、『親鸞聖人門侶交名帳』に常陸国住として記される入西であるといわれ、茨城県常陸太田市の枕石寺《ちんせきじ》の開基・入西房道円《どうえん》がその人であるという。事実、枕石寺には定禅の筆と伝える親鸞の「御首御影」なる什物が残されている。また、依頼を受けて親鸞の肖像を描いた定禅については明らかとならないが、本文中には「七条辺に居住」と注記されていて、七条仏師であったことが示唆されている。この定禅に関しては、京都市下京区七条千本西入の朱雀坊から、「朱雀定禅小菴」との銘をもつ石塔婆《いしとうば》が出土したともいわれているが、これは現段階では確認がとれず、結局この定禅については、今のところ不明というほかない。

ところで、定禅の夢に現れた「善光寺の本願御房」とは何人であろうか。「本願」とは通常寺院の開基者を指したり、寺院の修造資金を勧進する寺や僧侶を指す言葉である。善光寺の開基であれば、一光三尊阿弥陀如来を本尊として善光寺を開いた本田善光《ほんだよしみつ》ということになるが、親鸞を本田善光に擬《なぞら》える必然性は薄い。また、善光寺の寺務職を担当する一箇寺は、現在でも「大本願《だいほんがん》」と称する浄土宗の寺院であるが、その大本願の上人に擬えることも、ここでは余り意味がなかろう。

そう考えていくと、定禅がその僧を見て「生身の弥陀如来である」と感じたとあることや、後半に「聖人が弥陀如来のこの世へ現れたお姿であることは明

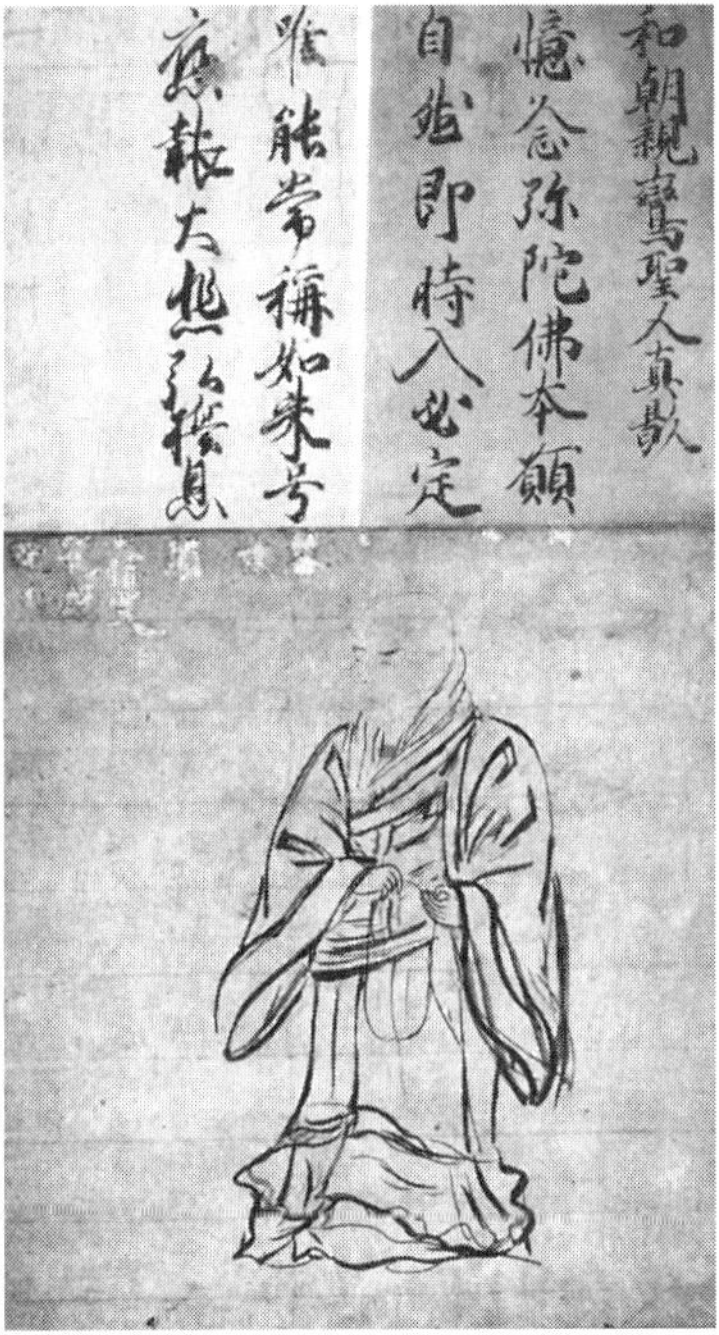

鏡御影（西本願寺蔵）

らかである」とあることなどからすると、この「本願御房」とは、実は善光寺本尊である一光三尊阿弥陀如来そのものを指していると考えなくてはならない。

なお、親鸞の肖像を描くことを依頼された定禅は、夢で請われたように親鸞の頭部と髪部だけを写したというが、この描き方が、親鸞存生中の御影であり、面貌《めんぼう》部分と着衣部分の筆が異なると見られる「鏡御影《かがみのごえい》」（西本願寺蔵）と同様であることから、この逸話が鏡御影に基づいて覚如によって作られたものであるという説も見られる。この説は、鏡御影の作者は専阿弥陀仏であると、覚如自身の手によって記されていることから否定されてはいるが、後に述べるように捨てがたい面もある。

以上のように、『御伝鈔』を編年体で述べることを無視してまで挿入された二つの逸話は、いずれも親鸞が阿弥陀如来の化現・来現であると主張する目的で挿入されたと考えられる。そこで次に、この二つの説話が挿入された経緯と意味とを考えていこう。

「入西鑑察」段挿入の経緯

現在、一般的に用いられている『御伝鈔』には、以上の二つの逸話が揃っているが、第一章で検討した三本の『親鸞伝絵』段階では、必ずしもそうなってはいない。

再度確認しておくと、

専修寺本	：「蓮位夢想」	無	「入西鑑察」	無
西本願寺本	：「蓮位夢想」	無	「入西鑑察」	有
東本願寺本	：「蓮位夢想」	有	「入西鑑察」	有

ということであり、完成本である東本願寺本の段階で、ようやくこの二段が揃うのである。この三本における両段の有無が、専修寺本を最古の『親鸞伝絵』と考える説の有力な根拠の一つとなっていたことは既に述べた。

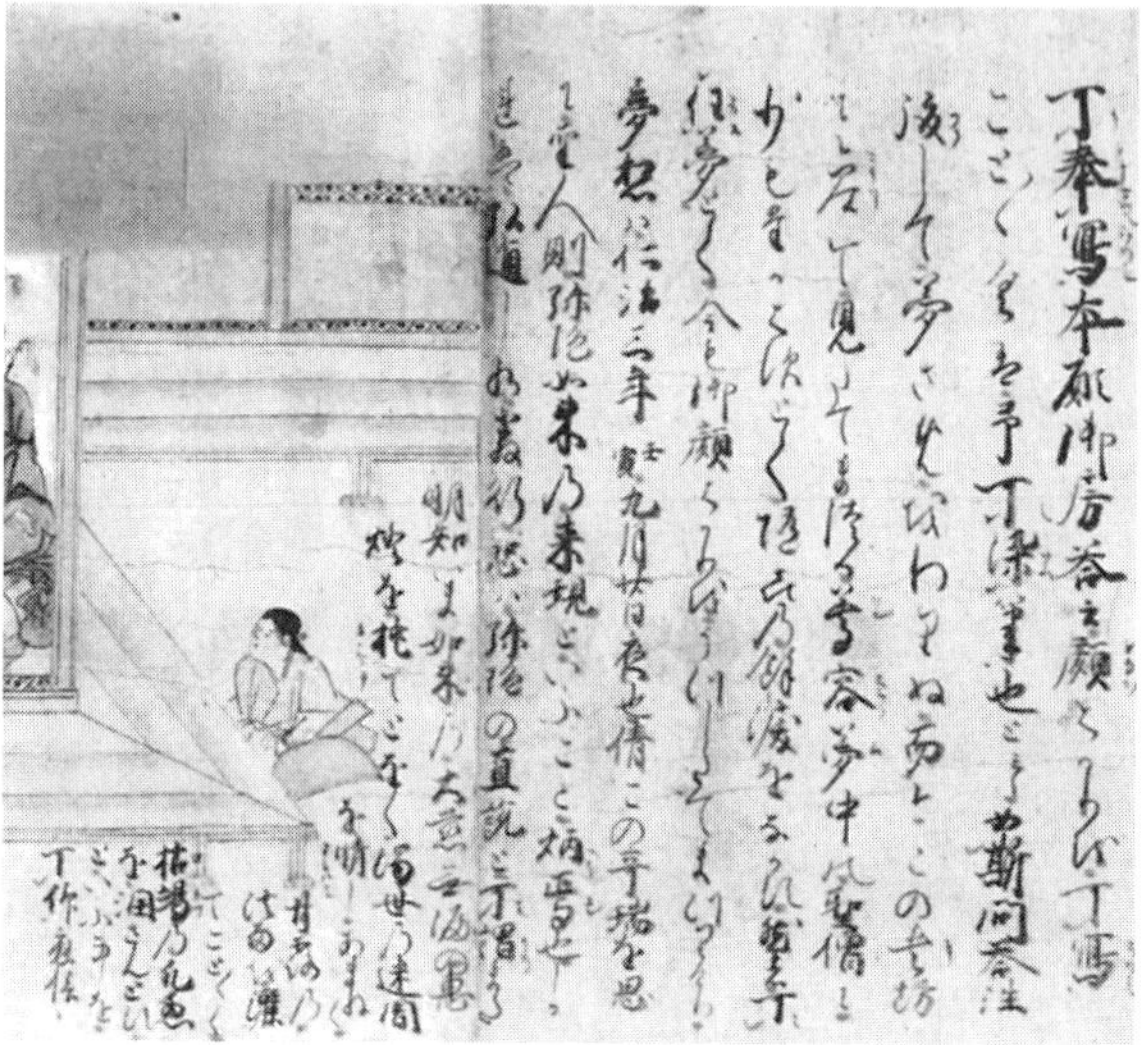

入西鑑察『親鸞伝絵』(西本願寺本)
〔詞書の末尾が、絵が描かれた料紙の余白にまで及んでいる。〕

そこでまず、西本願寺本に「入西鑑察」段が挿入された経緯を考えてみよう。西本願寺本『親鸞伝絵』の「入西鑑察」段には、同本の他の段には見られない著しい特徴が確認される。それは、『親鸞伝絵』は通規の絵巻物と同様に、詞書と絵とが交互に現れるが、それは詞書と絵とを別々に作って糊で貼り継ぐというやり方で調製されている。ところが、西本願寺本の「入西鑑察」段の詞書は、前段の「信心諍論」の絵の料紙の余白から書き始められ、末尾は詞書の料紙だけでは足りず、「入西鑑察」の絵の部分の余白にまで及んでいるのである。

このことから、西本願寺本は専修寺本同様に、両段を欠く形で一旦完成したあとに、この「入西鑑察」段が挿入されたと考えられている。仮に、第一章で述べたように、西本願寺本の成立が、唯善による親鸞真影奪取の時期に相当すると考えうるならば、それは延慶二（一三〇九）年から応長《おうちょう》元（一三一一）年のころという事になる。

ところが覚如は、この期間に先に紹介した鏡御影を修理している事実がある。

専阿弥陀仏〔信実朝臣息也、号袴殿〕奉拝聖人御存生之尊像、泣奉図画之、
末代無双重宝、仰可帰敬之、毛端不奉違〔云々〕、所得其証也、
延慶三歳〔庚戌〕十一月廿八日以前奉修補、遂供養訖、
応長元歳〔辛亥〕五月九日、於越州教行証講談之次記之了

これは鏡御影の巻留に記された覚如による識語であるが、これによると、鏡御影を覚如が修補したのは、延慶《えんぎょう》三（一三一〇）年十一月二十八日以前であり、それはちょうど西本願寺本の制作が想定される三年間に相当する。このことから、この鏡御影の成立にまつわる伝承を親鸞伝絵に書き加えたという可能性もあり、その場合、「入西鑑察」段で描かれたという親鸞御影こそ、鏡御影そのものであるということになる。

ところが、「入西鑑察」段に親鸞の影像を描いたのは「定禅」であるとされているのに対し、鏡御影の絵師は「専阿弥陀仏」であると覚如自身の識語には明記されているのであるから、定禅と専阿弥陀仏が同一人物であることが判明

しない限り、この推測は証明できない。しかしながら、「入西鑑察」段が挿入された西本願寺本の成立が推定される時期に、「入西鑑察」段で描かれたとする親鸞御影と、形式的に類似する描かれ方をした「鏡御影」が修復されていることを、単なる偶然と考えるのはあまりに不自然ではなかろうか。

覚如がこの「入西鑑察」段に記される逸話を、いつ頃、誰から聞き取ったのかが明らかでない以上、推論に推論を重ねることとなるから、今は、両者の年代的な関連性を指摘しておくにとどめておきたい。

「蓮位夢想」段挿入の意味

さて、専修寺本や西本願寺本の『親鸞伝絵』には見られなかった「蓮位夢想」段が、東本願寺本段階で新たに追加されている。この逸話は、先述のように覚如の『口伝鈔』にやや詳しい内容で記されているから、『口伝鈔』が書かれた後、『親鸞伝絵』に書き加えられたと考えてよかろう。そう考えることができるならば、『口伝鈔』の成立は元弘《げんこう》元（一三三一）年の報恩講中であるから、西本願寺本の成立推定年次（一三〇九〜一三一一年）と東本願寺本の成立年次（一三四五年）の間にちょうど入ることとなり、年代的な整合性が認められる。

しかも、『口伝鈔』から『親鸞伝絵』へ逸話が移ったと見られる例として、親鸞が鎌倉で行われた一切経校合作業に参加したという逸話が、仏光寺本『親鸞伝絵』に継承されている例もあることから、その可能性は高いと考えられる。

それにしても、この「蓮位夢想」段は、建長八（一二五六）年親鸞八十四歳のことであり、『親鸞伝絵』の編年叙述を著しく逸脱して挿入されている。このことから、この段が挿入された意味についても、従来よりさまざまに指摘されている。

最も有力な説は、上巻と下巻との段数や法量に配慮したという考えである。すなわち、「入西鑑察」段を含めた二段を、実年齢の箇所に挿入すると、上巻が六段（本三段、末三段）、下巻が九段（本三段、末六段）となり著しく上下巻の段数のバランスを欠くこととなる。また、この二段を含む完成本たる東本願寺本『親鸞伝絵』においては、上巻本が一一六三・九センチ、上巻末が一三五七・四センチ、下巻本が一四九三・八センチ、下巻末が一三八一・七センチとなっているように、四巻に調製された各巻の法量バランスを考えて配置したといわれるのである。

しかし、この説はいささか結果論に傾きすぎるようにも思われ、積極的な根拠を見いだそうとする研究もある。それは「蓮位夢想」段を、前段の「六角夢想」段との関係でとらえようとする考えである。

すなわち「六角夢想」段は、六角堂に参籠した親鸞が九十五日目の暁に救世観音（聖徳太子）から夢のお告げを受けて、その誓願をあまねくすべての衆生に説き聞かせよと命じられるものであった。その聖徳太子が今度は親鸞を拝礼して、末世の衆生を救ってくれる大慈阿弥陀仏すなわち親鸞を敬礼したてまつると述べるのであるから、この二つの逸話は連続したものであるとする考えである。とくに、親鸞は聖徳太子を「和国の教主」と尊敬して、数多くの和讃を制作したり、『上宮太子御記』を編纂するなどしており、早くから真宗教団と太子信仰との関係が深かったと推定されることから、こうした聖徳太子と親鸞との深い関係を示すモチーフを、覚如が構想したのではないかといわれるのである。

このように「六角夢想」段と「蓮位夢想」段を連続して考えることができるならば、編年体での叙述を無視して、覚如が「蓮位夢想」段を上巻四段目に挿入したことの意味は了解できる。しかし、今ひとつの「入西鑑察」段が上巻八段目に挿入された意味については、今のところきちんとした説明ができてはいない。

前述したように、この両段は親鸞が阿弥陀如来の化現・来現であることを主張するものであるから、覚如が親鸞を権威づける目的で挿入したものであろうことは容易に推測できるが、なお、解決のつかない要素が多い両段なのである。

第四章　承元の法難

一　承元法難の時代背景

今ひとつの吉水での出来事を記す「師《し》資《し》遷謫《せんたく》」の段は、よく知られる念仏弾圧事件、すなわち法然・親鸞以下の人々が流罪や死罪に処せられた「承元《じょうげん》法難」を描いた段である。

「師資遷謫」

浄土宗興行によりて、聖道門廃退す。是空師の所為なりとて、忽《たちまち》に、罪科せらるべきよし、南北の碩才《せきさい》憤り申しけり。『顕化身土文類』の六に云《のたま》わく、竊以《ひそかにおもんみれば》、聖道の諸教、行証久廃《ひさしくすたれ》、浄土の真宗証道今盛《いまさかんなり》。然《しかるに》、諸寺釈門、昏教兮、不知真仮門戸。洛都儒林、迷行兮無弁邪正道路。斯以、興福寺学徒、奏達太上天皇　諱尊成号後鳥羽院　今上　諱為仁号土御

門院　聖暦承元丁卯歳仲春上旬之候。主上臣下、背法違義、成忿結怨、因茲、真宗興隆太祖源空法師、幷門徒数輩、不考罪科、猥坐死罪、或改僧儀、賜姓名、処遠流、予其一也。爾者、已非僧、非俗、是故、以禿字為姓、空師幷弟子等坐諸方辺州、経五年之居緒云々　空聖人罪名藤井元彦、配所土佐国　幡多、鸞聖人罪名藤井善信、配所越後国　国府、此外の門徒、死罪流罪みな略之。皇帝　諱守成号佐渡院　聖代建暦辛未歳子月第七日、岡崎中納言範光卿をもって勅免、此時聖人右のごとく、禿字を書きて奏聞し給うに、陛下叡感をくだし、侍臣おおきに褒美す。勅免ありといえども、かしこに化《け》を施さんために、なおしばらく在国し給いけり。

すなわち、まず「浄土宗が盛んになったことで、聖道門の諸宗が廃退した。これは法然上人のしわざであるとして、すぐに罪を科せられるべきことを、南都や北嶺の学僧たちが、憤って朝廷に申請した」と前置きした後に、『教行信《きようぎようしん》証《しよう》』（後序）から流罪記録を抜き書きし、最後にまた「法然聖人の罪人としての名は藤井善信《ふじいのよしざね》、配所は土佐国幡多《とさはた》、親鸞聖人の罪人としての名は藤井元彦《ふじいのもとひこ》、配所は越後国国府《えちごこくふ》であった。この外の門徒の死罪・流罪は省略して書かない。天皇［諱守成、号佐渡院］の御代、建暦《けんりやく》元年十一月十七日に岡崎中納言範光《のりみつ》の沙汰をもって処罰は天皇の命により赦免となった。この時、親鸞聖人は禿の字を書いて天皇に申し上げたところ、天皇が感心し侍臣も大いにほめた。天皇による赦免はあったが、聖人は越後に教化を施すためにしばらく在国された」という、『教行信証』には見られない赦免に関する記事を挿入して終えている。

この『教行信証』から引用された部分以外の文章については、前置きは覚如《かくにょ》の制作になる法然伝『拾遺古徳伝絵《しゅういことくでんね》』にも、ほぼ同様の記述が見られるから、覚如自身の創作であると考えてよい。また、最後に付された赦免記録については、親鸞の関東門徒団の一つ横曾根《よこそね》門徒の編集になるという『親鸞聖人血脈文集《けちみやくもんじゆう》』の巻末に付された流罪記録に、赦免を沙汰した人物として中納言範光の名が見られるから、あるいは覚如による関東取材によって得られた情報であったかもしれない。

承元法難

それでは、法然・親鸞以下、吉水教団の人々を死罪や流罪に処したこの「承元法難」とはいかなる事件であったのだろうか。ここまで述べたように、『教行信証』を始め、『御伝鈔《ごでんしょう》』や『歎異抄《たんにしょう》』・『親鸞聖人血脈文集』『拾遺古徳伝絵』などにこの事件の様子が描かれている。

それらによると、法然の吉水草庵に多くの人びとが集まり隆盛を迎えると、南都北嶺の学僧たちがこれを不快に思って、その停止《ちょうじ》を朝廷に奏上した。それをうけた朝廷は、天皇を始め臣下たちも法に背き義を違《たが》え、怒りを結んで法然以下の人々を処罰した。法然・親鸞ほか六名の門弟が流罪に、住蓮《じゅうれん》・安楽《あんらく》ほか二名の門弟が死罪に処せられたという。

この時、流罪となった人々については、

法然　　　　　　土佐国幡多　罪名藤井元彦

親鸞　越後国国府　罪名藤井善信
浄聞《じょうもん》（円）房　備後《びんご》国
澄西《ちょうさい》禅光《ぜんこう》房　伯耆《ほうき》国
好覚《こうかく》房　伊豆《いず》国
行空《ぎょうくう》法本《ほうほん》房　佐渡《さど》国
幸西《こうさい》成覚《じょうかく》房　慈円《じえん》預かり（一説、阿波《あわ》国）
善恵《ぜんね》房　慈円預かり

の、合計八人であった。また、死罪になったのは、

西意《さいい》善綽《ぜんしゃく》房　摂津《せっつ》国で処刑
性願《しょうがん》房　近江《おうみ》国馬淵《まぶち》で処刑
住蓮《じゅうれん》房　同上
安楽《あんらく》房　同上

の四人であったと伝える。

この処分によって親鸞は越後国国府（現、上越市）へ流罪となり、赦免までのまる四年間とさらにその後の三年間をこの越後国で過ごすこととなるのである。

承元法難の背景

この承元法難がなぜ起こったのかについては、いくつかの説が見られる。その一つは思想的な背景を重視する説である。すなわち、法難の前々年である元《げん》久《きゅう》二（一二〇五）年十月に、法然教団の九つの過失を指摘し、専修《せんじゅ》念仏の停止を興福寺《こうふくじ》が天皇に訴えた『興福寺奏状《そうじょう》』が提出される。この奏上が承元法難の直接的出発点となっている。翌建永《けんえい》元（元久三／一二〇六）年、興福寺の衆徒たちは、専修念仏停止の実行を訴えて、朝廷に働きかけを何度も行った。それは、当時蔵人頭《くろうどのとう》を務めていた三条長兼《ながかね》を窓口として行われたため、長兼の日記『三長記《さんちょうき》』に詳しく記されることとなった。

それには、興福寺が法然の教えを弾劾するとき、再々「偏執《へんしゅう》の勧進《かんじん》」という言葉がもちいられている。「偏執の勧進」とは「念仏に固執した教化活動」というほどの意であり、簡単に言うと口称念仏以外での成仏・往生を認めない偏った教化活動を意味している。興福寺や延暦寺といった顕密仏教（旧仏教）においては、必ずしも念仏が否定されていたわけではない。しかし、それは諸宗派がそれぞれ成仏や往生を目指して立てている、数ある仏道修行の一つとしてあるのだから、念仏だけに固執し余行を否定する法然の教えを認めるわけにはいかなかったのである。こうした法然の教えが満天下に広まると、諸宗派の存立意義が失われていく。つまり、南都北嶺が形成していた宗教的秩序の解体を生む恐れがあり、こうした事態を恐れたがゆえの行動だったのである。

確かに、興福寺の人々の主張は、徐々に公家たちの理解を得るようになり、建永元（一二〇六）年六月に興福寺の主張通り実行するか否かについての有識公家からの答申では、四人中二人の公家がそのように実行すべしと答え、残りの二人も念仏が衰微することを恐れるという付帯条件を付けながらも、やむなく賛成している。こうした顕密仏教による思想的な批判が、その最大の背景であるというのが第一の説である。

二つめの説は、法然門下の風紀問題で、これを挙げる研究者も多い。それによると、思想的な批判によって専修念仏は停止されたが、このことだけでは四人の死罪・八人の流罪という大事件を招く事態にはならないという考えである。こうした大弾圧に至ったのには、別の事情があるのであり、それが風紀問題であるという。

『法然上人行状絵図《ぎょうじょうえず》』によると、建永元（一二〇六）年十二月九日に、時の上皇・後鳥羽《ごとば》院は熊野詣におもむいた。この頃、法然門下の住蓮・安楽等が東山鹿ヶ谷で別時念仏を始めていたが、それに院の留守を守る女房が参列して、出家してしまうという事件が起こったのだという。慈円の『愚管抄』では、加えて仁和寺《にんなじ》（道助法親王《どうじょ》）の御母、すなわち後鳥羽院の女房坊門局《ぼうもんのつぼね》までもが参詣し、そのうえ宿泊までしてしまうという事態に至ったのだという。熊野詣から帰った後鳥羽院はこれを聞きつけ激怒し、ついに住蓮・安楽の死刑や法然等の流罪に及んだとしている。

以上の二つの説がこれまで提起されているが、この二つの説はいずれかが正しく、いずれかが誤っているというものではない。弾圧事件の思想的背景には、確かに「偏執の勧進」が宗教的秩序を破壊するという、顕密仏教の危機感があったと思われるが、それだけでこうした大弾圧には至らなかったのではないか。そこには、当時最大の権力者であった後鳥羽院の逆鱗に触れるような風紀問題が存在したからに相違あるまい。

死刑・流刑の罪状

承元法難の諸記録には、誰が何の罪によって死罪となったとか、流罪になったとかは全く記されていない。そこで、死罪・流罪となった人々の罪状を推測していくと、まず、死罪となった四名の中で行状の明らかなのは二名である。

それは、後鳥羽院の熊野詣のすきに、別時念仏の法会を催し、院の女房等を宿泊させ出家させてしまうという風紀問題に問われた住蓮と安楽である。

西意善綽房については、法然より安居院《あぐい》聖覚《せいかく》のもとに使者として遣わされた親鸞に同行したことが、覚如撰述の『口伝鈔《くでんしょう》』に見られる。また、元久元（一二〇四）年十一月七日に法然以下門弟等百九十名が連署して、真言・止観を破し余仏・菩薩を謗《そし》り奉ることを停止することなど七箇条を誓約した「七箇条《しちかじょう》制誡《せいかい》」の連署者としても確認されるが、いずれの史料においても、西意善綽房の日頃の行状が知られるわけではない。ただ、「七箇条制誡」の署名については十七番目に見られているが、死罪となった住蓮がすぐ前の十六番目に署名していることから、あるいは住蓮と関連の深い人物であった可能性はある。

性願房については、全く他の史料に確認できず、現在のところ不明というしかない。

次に流罪となった人々の罪状を検討してみよう。吉水教団の指導者である法然と当事者である親鸞をしばらくおくと、残り六人のうち行状が知られるのは、まず行空法本房である。

行空は建永元（一二〇六）年の興福寺衆徒による専修念仏停止要求に際して、処罰すべき人物として度々名前があがっている。その時の興福寺側の主張は、例えば「法々房（法本房）は一念往生義《いちねんおうじようぎ》を立つ」とあるように、一念往生義の立場にあったことのようである。

一念往生義は一念義《いちねんぎ》ともいわれ、信の念仏一声にて往生が定まるとする立場で、法然門下の一派を形成していた。幸西成覚房も同様で、法然門下の系譜である『法水分流記《ほっすいぶんりゅうき》』には「一念義」と分類されている。

次に善恵房は証空《しょうくう》といい、浄土宗西山派の祖である。十四歳で法然の室に入った法然常随の門弟であるが、同時に天台宗の重鎮・慈円とも交流が深く、慈円が示寂するときにはその導師を務めたほどである。こうしたことから流罪に定まったものの、慈円が身柄を預かるという条件で許されている。しかし、その思想は一念義に近いものであったともいわれている。

澄西禅光房についてはほとんど知られないが、前述した「七箇条制誡」には四十七番目に署名しており、その前後にこの事件の関係者は見られない。なおこの外の、浄聞房・好覚房については全くその行状を知ることができない。

こうして死罪・流罪の人々の行状を探っていくと、概ね死罪は住蓮・安楽を中心とする別時念仏の関係者であろうことが予想され、院の女房等の宿泊・出家事件、すなわち風紀問題に関しての処罰であるように思われる。これに対して流罪は、不明な人物もあるものの、概ね一念往生義・一念義という思想的立場が確認され、顕密仏教勢力にとってはこうした急進的な念仏思想が危険視された人々であるように思われる。

二　流罪と親鸞の結婚

親鸞流罪の罪状

それでは、親鸞の罪状はどこにあったのか。行空法本房や幸西成覚房等とともに流罪となっているから、前節の分類によると一念義という思想的罪状で処分されたのであろうか。

親鸞の吉水時代の思想についてはほとんど明らかにならない。吉水教団には一念義・多念義を主張する人々がいて、特に一念義の立場に立つ幸西成覚房やそれに連なる人々が、多念義批判を行うといったことが起こっていたようで、『法然上人行状絵図』等に散見されている。しかし、そこには親鸞の姿は見られない。

親鸞の立場は、『教行信証』信巻に「おおよそ大信海を案ずれば、（中略）多念にあらず・一念にあらず」と見られるように、また、晩年の著作ではあるが『一念多念文意《もんい》』でも「一念のあらそいをなすひとをば、異学別解のひとともうすなり」と論じて、一貫して一念・多念のどちらにも与しない立場を表明している。そして自身は、同じく『一念多念文意』で「浄土真宗のならいには、念仏往生ともうすなり。まったく一念往生・多念往生ともうすことなし。これにてしらせたまうべし」と「念仏往生」こそが浄土真宗の本質であると、一念・多念の議論の不毛性を説いているのである。

もし、こうした思想が吉水時代から形成されていたとすれば、親鸞は幸西成覚房や行空法本房などのように一念義という急進的な念仏思想によって罪に問われたとは考えにくいのである。

ところで、『御伝鈔』と同じ覚如が制作した法然伝『拾遺古徳伝絵』には、次のような記述がある。

住蓮・安楽等の四人は物総《ぶつそう》の沙汰にて左右《そう》なく誅《ちゆう》せられおはりぬ。そのほかなを死罪あるへしときこえけるなかに善信聖人も死罪たるへきよし風聞す。（中略）六角のさきの中納言親経《ちかつね》の卿、年来一門のよしみを通せられけるか、おりふし八座《はちざ》にて議定《ぎじょう》のみきりにつらなりて、まふしなためられけるによりて、遠流《おんる》にさたまりにけり。すなはち配所越後のくに［国府］におもむきまします。

すなわち、「住蓮・安楽等の四人はあわただしく裁許され、たちどころに処刑された。そのほかになお死罪のものがあると評判がたったなかに、善信聖人（親鸞）も死罪であるべきだという噂がたった。（中略）六角前中納言親経卿は、親鸞と長年一門として交流していたが、ちょうどその時参議で議定の場所に出席しており、彼が取り成ししたので、遠流に定まった。そして親鸞は配所である越後国［国府］におもむいた」というのである。

ここにいう六角親経は、『尊卑分脈《そんぴぶんみゃく》』によると親鸞の五代前の資業《すけなり》の兄・広業《ひろなり》の子孫に当たる人物であり、親鸞とは遠い親戚に当たることは間違いない。

しかし、それだけで「一門」と言えるのかどうかはわからない。ただ、広業・資業の父・有国《ありくに》は、この二人の子供に儒学を習わせて学問によってそれぞれの家を立たせようとした。このことにより、広業・資業の子孫からは、多くの文《もん》章《じょう》博士や東宮《とうぐう》学士など、学問に通じた人物を輩出しており、有国を祖とするいわば「有国一門」といった文章道を家業とする一門意識が形成されていることが想定される。

ひるがえって考えてみると、覚如が『御伝鈔』で親鸞の俗姓を説明する際に、「藤原鎌足の玄孫、内麿《うちまろ》公六代の後胤、有国卿五代の孫、皇太后宮大進《こうたいごうぐうだいしん》有範《ありのり》の子」と、系譜の中途にこの「有国」を挟んだのは、そうした事情があったのであろう。

それでは、この六角親経が当時「八座」すなわち参議職にあり、太政官での最高議決会議である議定《ぎじょう》に参加できたのかについて検討すると、まず、この承元元（一二〇七）年の前年に親経は、参議から権中納言に昇進していて、実際には参議ではないから、この点『拾遺古徳伝絵』は誤っている。また、この承元法難に関する議定の記録は残されていないから、参加者の名前は誰一人わからないが、近いところで行われた議定を検索すると、前年の建永元（一二〇六）年四月二十一日に後白河法皇の廟を建てるか否かの議定が開かれたという記録が残っている。

それには、参加者として内大臣藤原忠経《ただつね》、春宮《とうぐう》大夫藤原公継《きんつぐ》、中宮大夫藤原公房《きんふさ》、堀川大納言藤原兼宗《かねむね》、中納言藤原資実《すけざね》らとともに、この六角親経が挙げられている。このことから、親経が「承元法難」の罪状決定の議定に参加しうる立場にはあったことが確認できる。

これらのことから、先に紹介した『拾遺古徳伝絵』に見られた、親鸞の罪科は本来死罪であったものが、六角親経の願いによって一等減ぜられ、遠流に定まったという可能性は高まってこよう。そして、親鸞が本来は死罪であったとするならば、彼には風紀上の問題があったと考えざるをえない。

親鸞の結婚

それでは、親鸞の風紀問題に関しての罪状とは何であったのか。住蓮や安楽のように、別時念仏を行って女性の信者を宿泊・出家させたというのであろうか。しかし、親鸞と住蓮・安楽との結びつきを示すような記録は全く見いだせないし、吉水時代の出来事を記した『教行信証』（後序）の文言からも、そうした気配すら感じ取ることはできない。それならば何であろうか。

私見では、親鸞が吉水時代に公然と妻帯していたことが罪に問われたのではないかと考える。『御伝鈔』には、親鸞の妻の話は一言も出てこないが、親鸞に恵信尼《えしんに》という妻があり、その間に六人の子供があったことは前述の『口伝鈔』に「恵信御房　男女六人の君達の御母儀」とあることによって明らかである。

また、東国の親鸞門弟の間で制作された親鸞伝であると考えられる『親鸞聖人御因縁《ごいんねん》』には、吉水時代の親鸞の女性問題について次のような物語が語られている。

法然の信奉者であった公家の九条兼実《くじょうかねざね》は、たびたび吉水に法然を尋ね教えを聞いていたが、ある時次のように法然に問うたという。すなわち、法然上人にはお弟子が三百人もいるけれども、自分だけが俗人である。清僧の称える念仏と、私のような俗人が称える念仏は違うのでしょうね、と。これに対して法然が、違いは全くないと答えると、兼実はそれではお弟子のなかから清僧を一人私にくださいい。その人を結婚させて在家にし、念仏に差別がないことを証明したい、と願ったという。この時、法然が親鸞を指名したため、兼実は親鸞に娘の玉日姫《たまひひめ》をめあわせた、というのである。

こうした伝承は、『親鸞聖人御因縁秘伝鈔《ごいんねんひでんしょう》』や『親鸞聖人正明伝』といった親鸞伝にも、大同小異の物語として記されているが、従来の歴史学ではこれを史実とは認めてこなかった。しかし、この『親鸞聖人御因縁』は、室町中期を降《くだ》らない写本が複数存在しているし、蓮如によってその一部が筆写されてもおり、中世では広く人口に膾炙《かいしゃ》した親鸞伝であったことが知られる。しかも、覚如の子で初期真宗の代表的教学者として知られる存覚《ぞんかく》が、制作に関わっていた可能性もあり、荒唐無稽な作り話として否定し去ることはできないであろう。

加えて、親鸞の家系を記した『日野一流系図』では、承元五（建暦元／一二一一）年に越後にて誕生したことが確実な次男の信蓮房明信《しんれんぼうみょうしん》の兄姉として、小黒《おぐろ》女房と善鸞《ぜんらん》の二人がいたことになっている。承元五年に第三子が誕生したとすれば、少なくとも吉水時代に結婚して第一子をもうけていなければ不自然でもあろう。この点からも、親鸞の吉水時代の結婚が想定されてよいと思う。そして、その相手は恵信尼であったと考えるが、そうした親鸞の結婚に関する伝承に尾ひれがついて、九条兼実の娘・玉日姫との結婚伝承に変化していったのではなかろうかと考えている。

三　親鸞妻帯の意味

「親鸞の妻」諸説

ところで、親鸞の妻に関しては『御伝鈔』は一言も触れていない。『御伝鈔』は浄土真宗の宗祖としての親鸞を顕彰するために制作された伝記であるから、家族のことを書く必要はないと覚如は考えたのであろう。

そこで、親鸞の妻に関して見てみると、『恵信尼消息』の発見で実在が明らかとなった恵信尼を妻とする考えが一般的である。ところが、この恵信尼だけを唯一の妻とする一人説以外に、恵信尼との結婚以前、または親鸞晩年に別の妻がいたとする二人説、さらに恵信尼以外の妻を二人想定する三人説などがこれまで唱えられており、実は、現在でも定説と言えるものがないのである。

そこで、まず恵信尼との結婚以前の妻の存在の根拠となっている史料を挙げてみよう。最も有力なものは、建長《けんちょう》八（一二五六）年五月二十九日に、親鸞が自らの名代として関東に送った息・善鸞に対し、義絶することを通告した消息（『御消息拾遺』三）のなかに「（親鸞が）ままははのあまにいいまどわされた」と善鸞が述べたという一節があり、善鸞に継母があったことが示唆されていることである。

これを額面通り受け取れば、晩年の親鸞は、自らは京都に恵信尼は越後にと別れて生活をしていても、恵信尼という妻の存在がある。したがって、ここにいう継母が恵信尼を指しているならば、恵信尼に先立つ善鸞の実母があったことになるし、恵信尼が善鸞の実母とすれば、この段階で親鸞は別の女性と暮らしているということになる。

まず、前者について検討すると、覚如の『口伝鈔』に「恵信御房　男女六人の君達の御母儀」とあって恵信尼には六人の子供のあったことは明らかであるが、この六人については、先に紹介した『尊卑分脈』（内麿公孫）も『日野一流《ひのいちりゅう》系図《けいず》』も、ともに小黒《おぐろ》女房・善鸞・栗沢《くりさわ》（栗沢）信蓮房明信《みょうしん》・益方《ますかた》大夫入

恵信尼画像（龍谷大学図書館蔵）

道有房《ありふさ》・高野《こうや》禅尼・覚信尼《かくしんに》（順序は『日野一流系図』）の名を挙げているから、善鸞を恵信尼の実子ではないとする根拠は極めて薄い。

それでは、後者の考えはどうかといえば、恵信尼が越後に去った後に、京都の親鸞が別の女性と暮らしていたとは考えにくいが、最晩年の親鸞消息に見られる「いまごぜんのはは」を親鸞最後の妻とし、善鸞がいう継母にあてようとする説が過去にはみられた。親鸞の絶筆かとも言われる十一月十二日付の「ひたちの人々の御中へ」に宛てた消息（『御消息拾遺』六）で、自分が死んだ後もこのいまごぜんのははをよろしく頼むと願っている。これほどまで生活を心配するのは、身近な人物＝妻であったと考えられたのである。しかし、ここにいう「いまごぜんのはは」は親鸞末娘の覚信尼を指していると考える方が整合的であって、この説を認めることはできない。

結局、二つの考えが成立しない以上、親鸞消息にいう「ままははのあま」とは、善鸞が実母・恵信尼を貶《おとし》めるための言い方と解釈するほかなかろう。すなわち、後に詳しく述べるように、この時期善鸞は関東教団を支配下に置こうと、親鸞が善鸞一人に夜密かに教えを伝えたのだと主張して、関東門弟間での主導的位置を確立しようとしていた。ところが、その事実を真浄《しんじょう》の報告によって知った親鸞は、正月九日に真浄に返信（『御消息集』（広本）第十二通）して善鸞の主張をきっぱりと否定したのである。このため、立場が苦しくなった善鸞は、関東門弟に対し親鸞の主張は「ままははのあま」に言い惑わされた結果だと言い触らして、立場の回復を企図したのである。親鸞が入手したのは、そういう意図を持った善鸞の手紙なのであるから、そこには、自らの保身のために親鸞も実母・恵信尼も貶める内容が書かれていたのであろう。

玉日姫伝承

さて、この善鸞の継母という史料によって想定された妻以外に、前節で紹介したように、親鸞が最初に結婚したのは九条兼実の娘・玉日姫であるという伝承もある。前節では、それを恵信尼との結婚に尾ひれがついたものであると述べておいたが、それがありえないことをいま少し記しておきたい。

まず、基本的に『尊卑分脈』では、玉日姫に相当する女性の存在が確認されないことがある。『尊卑分脈』においては、兼実の子として、男子では後継者である良経《よしつね》を始めとして九人の多くが掲載されているが、女子では後鳥羽天皇の皇后となった宜秋門院《ぎしゅうもんいん》任子《にんし》一人が確認されるだけである。また、『尊卑分脈』には記載されない女子があった可能性はあるものの、九条兼実の日記である『玉葉』をみても、女子について書かれた記事は宜秋門院に関する記事だけである。このように、玉日姫の存在はまず史料的に確認されない。

次に、系図や日記に現れない女子がいたとしても、摂関家を代表する九条家の娘と、中級貴族である日野家の、ましてや傍流の家に生まれた親鸞が、身分制の厳しいこの時代に結婚することはありえない。

一歩譲って、九条家の娘が法然門下の一青年僧と結婚するということが起こったとすれば、これは当時としては大変センセーショナルな事件であろう。後に述べるが、確かにこの時期顕密僧が密かに女性と暮らして、子供をもうけるという事例は数多く確認される。しかし、親鸞と玉日姫との結婚は、そうした密かな出来事ではなく、婚姻後には牛車に乗って法然のもとに挨拶に行くというような、晴れがましい描かれ方をしている。もし、このようなことが本当に行われたとするならば、当時の公家の日記などににぎにぎしく書かれてもしかるべきであるが、親鸞が吉水にいた時期をカバーする近衛家実《いえざね》の『猪隈関白《いのくまかんぱく》記《き》』や藤原定家《さだいえ》の『明月記《めいげつき》』、また先述した三条長兼の『三長記』等には、そうした記述は全く見られない。

以上のことから、やはりこの玉日姫伝承は、親鸞と恵信尼との結婚を暗示したものである以上に評価することはできない。

この玉日姫に関してはもう一つ問題がある。それは、前述の『尊卑分脈』や『日野一流系図』という系図類に、親鸞の六人の子供の前に、長子として「範《はん》意《い》（印信《いんしん》）」なる人物を記していることである。その注記に『尊卑分脈』は「寺阿《あ》闍梨《じゃり》　大尼公　母月輪関白女」と、『日野一流系図』は「阿闍梨　大弐　遁《とん》世《せ》改印信　母後法性寺摂政兼実公女　月輪殿也」と記されている。もしこの範意（印信）なる人物が史料上確認されるならば、その母たる玉日姫の存在も認めなくてはならなくなる。

ところが、親鸞や恵信尼の消息類や、初期真宗の諸史料にいくら目を通してみても、範意（印信）の姿形を見いだすことができない。ただ、前述した親鸞の妻と推測されたこともある「いまごぜんのはは」の行く末を、ひたちの人々に頼んだ親鸞消息に、「そくしょうぼう」なる人物が見られ、「いまごぜんのはは」とこの「そくしょうぼう」の両者を、親鸞は「このものどもをも御あわれみあわれ候うべからん」と併せて依頼している。この「そくしょうぼう」を『存覚一期記』に見られる「即生房」と同一人物と見て、「即生」と「印信」とが、くずし字の上で類似することから、これにあてる説も見られたが、これも根拠薄弱であって認めることはできない。

結局、玉日姫にしても範意（印信）にしても史料上確認できない人物であり、室町時代には成立していた前記『親鸞聖人御因縁』の親鸞伝承が、『尊卑分脈』や『日野一流系図』に影響を与えた結果と考えざるをえないのである。

以上のことから、親鸞の妻は恵信尼一人であったと考えるのが妥当であろう。

妻帯の意味

親鸞の妻は恵信尼であり、吉水時代に既に結婚して、少なくとも一人の子供が生まれていたと述べた。そして、その結婚こそ親鸞があわや死罪に処せられようとした要因であるとも考えた。ところが、近年の研究では当時の顕密僧が多く妻子を抱えていることから、そのこと自体が処罰の対象にはなりえないとする議論が見られる。次に、このことについて考えておきたい。

当時の顕密僧が、密かに女性と生活をともにし、子供までもうけていたことは明らかである。例えば、既に紹介されているように『尊卑分脈』は、僧侶に子供がいた系譜を何例か記載している。例えば、法然門下の聖覚の父である安居院澄憲《ちょうけん》には、その子として聖覚を始めとする九男一女が記されているし、その聖覚にしても六男があったことが明確に記されている。このようなことから、当時の顕密僧が妻帯することは当たり前のことで、このことによって親鸞が罪科に問われることはなかったというのである。

ところで、顕密僧が妻帯して男子をもうけたとき、かれらはそれを「真弟《しんで》子《し》」と称したこともよく知られている。例えば、九条兼実の『玉葉』建久《けんきゅう》二（一一九一）年七月二十日条には御匣殿《みくしげどの》（藤原道隆女カ）の遠忌で導師を務めた三井寺の顕円《けんえん》已講を、「故宗延《しゅうえん》法眼真弟子也」と記している。また、こうした真弟子の存在はほとんど常態化していたようで、同じ『玉葉』建久二年四月二十四日条では、先に挙げた澄憲の子である海恵《かいえ》が仁和寺で受戒灌頂を行ったことを記して、そこに「高松院御腹、澄憲令生之子也、雖密事人皆知之」と注記している。すなわち、「海恵は高松院（鳥羽天皇女）の出生の子であり、澄憲が父親である。このことは秘密であるが、人は皆それを知っている」という意になる。

しかし、顕密僧が密かに女性と生活をともにし、子供をもうけていることがほとんど常態化していたことと、親鸞が恵信尼と結婚して子供をもうけたことを同一視できるのだろうか。

親鸞が妻・恵信尼に言及した史料は全く見られないものの、わずかに子供に対しての発言が残されている。それは、先にも述べた実子・善鸞が関東で起こした事件に対して、彼を義絶するときに、善鸞自身にそれを通告した消息であり、次のように記されている。すなわち、善鸞に対しては「今は父子《ちちこ》のぎはあるべからずそうろう」と義絶することを告げている。また、この善鸞義絶の事実を高弟の性信に伝えた消息（『親鸞聖人血脈文集』二）では、「自今已後は、慈信（善鸞）においては、子の儀おもいきりてそうろうなり」と述べているのである。このように、親鸞は公私にわたって善鸞を「子」と称している。

このことと、顕密僧が密かに子をもうけて、それを「真弟子」と呼んだこととの間には大きな開きがあると考える。すなわち、顕密僧の妻帯蓄子は『玉葉』にみられるように、あくまで「密事」であることを建て前としている。であればこそ、実子を「真弟子」という仏教的用語で表現せざるをえなかったのではなかったろうか。この「真弟子」という呼称からは、子をもうけた僧侶の後ろめたい屈折した罪悪感と、それを知りながら密事と表現する公家達の冷ややかな眼差しを感じざるをえない。それは、彼等顕密僧の妻帯や蓄子が、前述した『覚禅鈔《かくぜんしょう》』の思想に裏付けられていたからではないか。

「在家往生」の実践

すなわち、『覚禅鈔』の論理では、行者は「発邪見心、婬欲熾盛」、すなわちよこしまな心が起こって、情欲が盛んとなって妻帯し、その結果として子供をもうけることとなる。そうした行者を、如意輪観音は慈悲心によって受け止めて一生荘厳し、彼に仏道を成就させようとするのであるが、それは厳しい戒律を守ることが当然とされる顕密仏教界においては、はなはだイレギュラーな仏道成就に他ならないのである。そのことが、我が子を「真弟子」と表現させ、公家からは「秘密であるが、人は皆それを知っている」という冷ややかな言われ方をされた原因なのであろう。

これに対して親鸞は、実子を明瞭に「子」と言い切っている。勿論、非僧非俗を標榜する親鸞であるから、「真弟子」という顕密僧が使う用語を単に使わなかっただけかもしれない。しかし、そこにより深い思想性を読み取ることも可能であろう。

すなわち、前述したように親鸞の妻帯への決断は、「行者宿報偈」に集約されているといっても過言ではない。この偈の生命は、「女犯」が宿報すなわち逃れることのできない人間の定めであると言い切ったところにある。当時の社会では、僧侶の妻帯・蓄子は公然の秘密であったかもしれないが、それは、あくまで「邪見心」の起こった行者だけが、密かに実行すべき事柄であり、親鸞のようにそれを「子」と言い切ることの許されない世界ではなかったろうか。そうしたなかで、公然と妻を蓄え、子をもった親鸞の態度は、まさに顕密仏教的秩序を破壊する行為と顕密僧の目には映ったのではなかったか。こうした当時の社会一般の風潮が、住蓮・安楽等とともに、親鸞を死罪とすべしとの風聞を生んでいったのではないかと考えられるのである。

また、親鸞の結婚がそうした在家往生を自ら証するための、自覚的行為であったとするならば、『親鸞聖人御因縁』のいうように、法然の命によって、清僧の称える念仏と俗人の称える念仏に変わりがないことを証明するために、無理矢理結婚したというのもおかしな話となる。他者の促しによって結婚したのであれば、「行者宿報偈」を受けて在家往生を実践するために、主体的に結婚に踏み切るという、親鸞の自覚的な思想が失われてしまうことになるからである。

第五章　越後の親鸞

一　流罪後の親鸞

越後の親鸞

こうした経過によって、親鸞は越後国府《えちごこくふ》へと流罪となった。『御伝鈔《ごでんしょう》』はこの越後時代を次のように簡単に記している。

皇帝　諱守成号佐渡院　聖代建暦辛未歳子月第七日、岡崎中納言範光卿《ちゅうなごんのりみつ》をもって勅免、此時聖人右のごとく、禿字を書きて奏聞し給うに、陛下叡感をくだし、侍臣おおきに褒美す。勅免ありといえども、かしこに化《け》を施さんために、なおしばらく在国し給いけり。

解釈すると、「天皇　諱守成、号佐渡院　の御代、建暦《けんりやく》元（一二一一）年十一月十七日に岡崎中納言範光の沙汰をもって流罪は勅免となった。この時、親鸞聖人は禿の字を書いて奏聞したところ、天皇がいたく感心し侍臣も大いにほめた。勅免はあったが、聖人はなお越後に教化を施すためにしばらく在国された」となろう。

このように、『御伝鈔』は親鸞の越後での流人としての生活については全く触れていないに等しい。覚如は、『御伝鈔』を制作するために関東を訪れ、調査・取材を重ねているが、どうやら越後へは行かなかったようである。しかも、先述したように、『恵信尼消息《えしんにしょうそく》』もこの段階では見ていないようであるから、おそらく赦免の年は『教行信証《きょうぎょうしんしょう》』（後序）の「空師ならびに弟子等、諸方の辺州に坐《つみ》して五年の居諸を経たりき。皇帝　諱《いみな》守成　聖代、建暦辛《かのと》の未《ひつじ》の歳、子月《しがつ》の中旬第七日に、勅免を蒙り」との記述によったもので、それに関東での取材で知られた親鸞の関東での活動時期を考慮して、なおしばらく越後に在国されたと述べたものであろう。覚如のこの推測は当たっており、後に述べるが親鸞は、建保《けんぽう》二（一二一四）年に越後から関東におもむく途次、上野《こうずけ》の佐《さ》貫《ぬき》で衆生利益のために三部経を読誦したことが『恵信尼消息』第五通によって知られている。

このように、親鸞が流人としての四年と、その後さらに三年とを越後で過ごしたことは明らかであるが、この間、親鸞がどのような生活をしていたのかは、『御伝鈔』からは全く知ることができない。上越に残された伝承によると、親鸞は五智国分寺《ごちこくぶんじ》の境内にある竹ノ内草庵や門前の竹ヶ前《はな》などに住したともいわれているが、これも判然としない。

また、越後における教化活動については、親鸞の門弟を書き表した『親鸞聖人門侶交名帳《もんりよきようみようちよう》』に、「覚善《かくぜん》」という人物一人しか見られていないことから、あまり積極的に行われなかったと考えられている。しかし、この『親鸞聖人門侶交名帳』は関東の門弟によって作成されたものであるから、越後の情報にはかなりの漏れがあると考えなければならない。

水橋門徒の信性

越中富山に「水橋《みずはし》門徒」という親鸞教化伝承を伝える門徒団がある。水橋は現在の富山市東部、常願寺《じょうがんじ》川と上市《かみいち》川にはさまれた一帯の地名であるが、『遺《い》徳法輪集《とくほうりんしゅう》』に「昔より越中には三坊主とてあり、聖人御直弟なり」と見られる願海寺《がんかいじ》・持専寺《じせんじ》・極性寺《ごくしょうじ》の三カ寺がこの「水橋門徒」の由緒を伝えている。

三カ寺の一つ願海寺の寺伝によると、開基信性《しんしょう》は、越後国府から南へ二十キロほどの新井《あらい》（現、妙高市）の住人・村上権兵衛由清といったが、越後国府で親鸞の教化を受けて信性との法名を受け、親鸞が越後を去るに当たって名号を拝領して、出身地の越中で教えを広めるよう命じられた。そして、建立したのが願海寺であるという。

これだけであれば、単なる寺伝で終わるのであるが、親鸞の玄孫・存覚が記した『存覚袖日記《そでにっき》』に、この「水橋門徒」のことが見られる。それは、越後国柿崎《かきざき》の住人教浄《きょうじょう》・後藤次《ごとうじ》が京都へ携えてきた本尊に、存覚が揮毫《きごう》を依頼された。両人は存覚に「越中国水橋門徒越後国柿崎住人尼浄円《じようえん》本尊也」と書いてもらうことを望んだが、揮毫の後、この本尊の由来を存覚が尋ねると、教浄等は次のように述べたという。

すなわち、この本尊の伝持者である尼浄円の父親寂心は、「同国々府より下へ七里まなこの人」であった。そして、息子・寂円《じやくえん》の妻である教浄は柿崎の人であったが、「マナコ」のしきたりを嫌って柿崎に帰るとき、夫の寂円も同行した。さらに、「マナコ」付近で動乱が起こったときに、父の寂心も柿崎に逃れてきたという。このことから、柿崎へ一家が移転する前には、「マナコ」に寂心と寂円・教浄夫妻、さらに本尊伝持者の尼浄円等が暮らしていたことになる。

ここでいう「マナコ」は現上越市の「真砂《まなご》」に比定されるので、上越真砂の門徒の本寺が越中水橋門徒であることになる。とすれば、願海寺伝に言うように、上越から越中へ移転した信性の門徒が、確かに上越に残っていたことになり、この願海寺伝の信憑性が裏付けられる。

また、親鸞の妻・恵信尼が晩年に上越に住んで、京都にいる娘・覚信尼《かくしんに》に手紙を出した一通に、「もし、便《たより》や候うとて、えちうへこの文はつかわし候う也」(『恵信尼消息』第七通)と見られるが、この「えちう」はおそらく「越中《えっちゅう》」であると考えられ、この時期、恵信尼が手紙を托すことのできる、信頼の置ける人が越中に存在したことになり、親鸞直弟の伝承をもつ「水橋門徒」である可能性が高いと思われる。

こうした寺伝は他にも越後に残されていて、傍証史料が現れれば史実と認定できる可能性がある門弟も、もう少しは現れてくるのではなかろうか。

流罪の赦免

さて、先の赦免の経緯を伝えた箇所で、『御伝鈔』はそれを奉行した人物として「岡崎中納言範光」という名を挙げている。

ところが、『法然上人行状絵図《ぎょうじょうえず》』を見てみると、少し事情が異なっている。

すなわち、法然の熱心な信者であった九条兼実《かねざね》は法然の勅免を願いつつ、承元《じょうげん》元（建永二／一二〇七）年四月五日に没する。彼は死去する前に法然勅免の願いを常々藤原光親《みつちか》に語っていたので、光親はそれを何度も天皇に申し入れていたが、なかなか叶わなかった。ある時、後鳥羽上皇は弾圧事件が仏意に背くのではないかとの夢想を受けて、大赦として法然を畿内に住まわせるという勅免を出させるに至ったという。

これによって、法然は配所から摂津勝尾寺《かつおじ》にまで戻るが、洛中への帰還は認められず、それが許されたのが『教行信証』（後序）に記された建暦元（一二一一）年十一月のことであるというのである。『法然上人行状絵図』はその勅免の奉行を藤原光親としていて、『御伝鈔』とは異なる人物をあげている。ところが、同じ覚如が制作した法然伝である『拾遺古徳伝絵《しゅういことくでんね》』は、

院宣《いんぜん》は権中納言藤原光親卿［或岡崎中納言範光卿云云］書下されけり。

と記していて、実は覚如自身、勅免の奉行が藤原光親なのか岡崎範光だったのか、判然としていなかったようである。

周知の如くこの時期の政治は、院政によって行われていたため、さまざまな国家的決断は院が行っていた。そして、院の意思を伝達する公式文書は、院が朝廷を動かして形式的には太政官が発することとなっていたため、当時権中納言に列していた藤原光親が奉行して、勅免の院宣が出されたと考えるのが妥当であろう。しかし、ここに岡崎範光という名が、覚如によって記されたのは何故なのであろうか。

岡崎範光は、久寿《きゅうじゅ》元（一一五四）年従三位藤原範兼《のりかね》を父に、源俊重《としじげ》の娘を母に生まれ、父・範兼が大学頭《だいがくのとう》や東宮《とうぐう》学士等を務めるなど学問に通じていた関係からか、最初は文章生《もんじょうせい》・文章得業生《もんじょうとくごうせい》としてのキャリアを積んでいる。しかし、父のように学問方面での役職には就いておらず、叔父で高倉家の祖となる範季《のりすえ》の猶子となって、式部少丞《しきぶしょうじょう》から紀伊守《きいのかみ》・式部少輔《しょうゆう》・大宰大弐《だざいだいに》・右衛門《うえもんの》督《かみ》・検非違使別当《けびいしべっとう》・民部卿などを歴任し、春宮権大夫《とうぐうのごんのだいぶ》であった承元元（一二〇七）年三月十五日に出家している。

この岡崎範光が親鸞赦免の奉行を行ったという『御伝鈔』の記述については、範光は既に出家していることからありえないという説も、早くから見られている。しかし、公家の諸記録には、出家後の範光が「民部卿入道」とか「中納言入道」の名でたびたび現れ、特に後鳥羽院は何度もこの範光邸に御幸《みゆき》している。そして、承元三（一二〇九）年八月には後鳥羽の御所・押小路殿がこの範光邸に設けられるなどしているから、院と範光との親密な関係が想定され、後鳥羽院に強い影響力を持つ公家であったことは確かである。

しかも同時に、範光が法然に深く帰依していたことが、『法然上人行状絵図』に描かれている。

民部卿範光は、後鳥羽院の寵臣《ちゆうしん》なり。ひとえに上人に帰して称名のほか他事なかりけり。生年五十四の春承元元年三月十五日に出家をとげ、法名を静心と号す、病悩火急のよしきこしめされければ、しのびて　御幸ありけり。

法然や門弟等が流罪に処せられたのが、この年の二月十七日のことであるから、範光の出家はそれから一月も経っていない。法然への帰依、また流罪直後の出家ということから考えて、この法然の流罪が契機となった出家としか考えられない。そうすると、範光は後鳥羽院に対して積極的に法然の赦免を進めた人物であった可能性が高い。こうしたことから、覚如は『御伝鈔』には岡崎範光が奉行した、ということを書き入れたのではなかろうか。

ともあれ、法然の洛中への帰還も認める完全なる赦免に併せて、親鸞等門弟の赦免も行われた模様であるが、親鸞は直ちに京都へは帰らなかった。その後、三年間ほど越後で暮らし、その後関東へ向かったのである。

赦免が行われれば、すぐにでも敬愛する師である法然のもとへ駆けつけたかったのだろうが、勅免の年である建暦元（承元五／一二一一）年三月には、次男信蓮房明信が誕生していた。幼子を連れての冬の長旅は、とてもできなかったのであろう。そして、春を待っていた翌建暦二（一二一二）年正月二十五日に法然が死去してしまう。師・法然が亡くなった今となっては、京都へ戻る必要を、親鸞は感じなかった。師の説く専修念仏の教えを、また在家往生の思想を、広く民衆に伝えようとする親鸞の決意は、ここに定まったと考えられよう。

二　教化と伝承

越後の七不思議

親鸞による越後での教化活動は、同時代史料によって確認することは全くできない。『御伝鈔』も「なおしばらく在国し給いけり」と記すばかりで、具体的なことは全く叙述されないのである。

ところが、越後地域には親鸞が各地を訪れ、教化活動を行ったという伝承が数多く残されている。その代表例が「越後の七不思議」であろう。越後の七不思議とは、以下のものである。

国府の片葉の芦《あし》
田上《たがみ》のつなぎ榧《がや》

鳥屋野《とやの》の逆さ竹
山田の焼き鮒《ふな》
保田《やすだ》の三度栗
小島《こじま》の八房《やつふさ》の梅
小島の数珠かけ桜

この「越後の七不思議」について記された古い文献を調べていくと、願楽寺宗誓が全国の親鸞の遺跡を回って採集した伝承をまとめ、宝永《ほうえい》八（一七一一）年に刊行した『遺徳法輪集』に行き着く。この『遺徳法輪集』のなかには、現在、「越後の七不思議」と呼ばれている七つの伝承の中から三つだけが採収されている。

その一つは「鳥屋野御敷地」の伝承で、これは第三番目の逆さ竹の話である。その内容を簡単に見ておくと、親鸞が鳥屋野という所で三年ほど逗留したという。この間、親鸞の教えに素直にうなずく人もあったが、なかなか教えが伝わらない人もいた。そうした人々に対しても親鸞は、懇《ねんご》ろに話をして教化を行っていたが、ついにその教えに従う人々が満ち溢れてきた。そこで、親鸞は持っていた紫の竹でできた杖を土地に差し込んで、次のように述べたという。

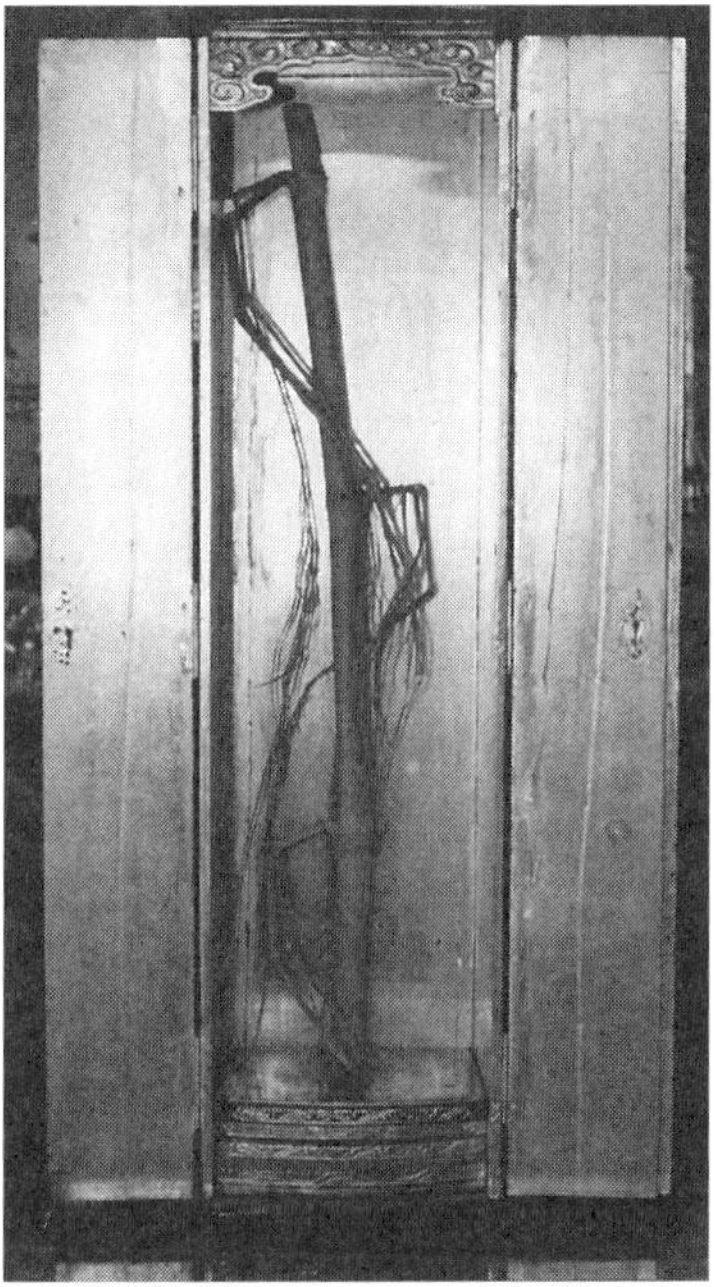

鳥屋野逆さ竹（新潟市中央区西方寺蔵）

竹木心ろなしといえども我がすすむるところ仏意にかなわばふたたび繁茂せよ

つまり、「竹木には心はないかもしれないけれど、自分が勧めているこの教えが仏意にかなうものならば、もういちど繁茂せよ」という内容である。すると、不思議なことにその竹から芽が出て、葉が生えてきた。ところが竹の杖であったため、根本の太いほうを手に持っていたから、普通の竹が生えている状態とは天地が逆になり、地面に向かって葉が生えてきた。それで、これを逆さ竹と呼ぶのだ、というものである。

八房の梅もほぼ同様の話であり、親鸞が小島村に来訪したとき、主人が出した梅干しの種を地面に投げて、同じようなことを言うのである。すなわち、私の教えが末世に繁昌するならば、この梅よ再び芽を出すようにと。すると、そこから芽が出てついに大木となったという。

三度栗というのも、これまた類似した話で、焼き栗の話である。親鸞が分田《ぶんだ》村を通っていたとき、一人の女性が焼き栗を親鸞に差し上げた。親鸞はそれを、少し離れた上野が原というところで賞味したが、その時草むらにこぼれ入った焼き栗を見て、同じように、私の法が末世に盛んになるものなら、この栗も再び栄えよと唱えるのである。すると、この栗が芽を出しついに栗林となった。そしてその栗の木は、一年に三回実を付けるという不思議な三度栗であったというものである。

こうした伝承は、明和《めいわ》八（一七七一）年に刊行された安福寺《あんぷくじ》先啓《せんけい》の『大谷遺跡録』にも大同小異の伝承として採録されていて、十八世紀段階では現在の「七不思議」のうち、逆さ竹・八房の梅・三度栗が人口に膾炙していたと考えられる。

「越後の七不思議」の起源

ところで、こういう不思議な話は歴史的にはいつごろから確認できるのであろうか。これまでこうした伝承は、江戸時代に親鸞の旧跡を巡拝する人が増えてきた段階で、受け入れる寺院側が親鸞との関係を語る伝承がないと参詣者が来なくなるので、こうした伝承を作り上げたのではないか、というような疑いの目をもって見られてきた。しかし、必ずしもそうではない事例もある。

蓮如の孫である光教寺顕誓《けんせい》が、永禄《えいろく》十一（一五六八）年という戦国時代に書いた本願寺の歴史書『反古裏《ほごのうら》』（『反故裏書』）には、驚くべきことに逆さ竹の話が見られている。

（親鸞は）越後国蒲原《かんばら》と云所に一宇をたて在す。浄光寺と号す。是勅願寺也。又鳥屋院《とやのいん》と申奉る貴場有り。順徳院御幸ありし所也。かの所に紫竹あり、昔しより今に繁茂あり。仏閣の其跡には今も草一茎も生いでずとなん。

極めて簡潔な文章ではあるが、「親鸞は越後国蒲原に浄光寺というお寺を建てた。そこは勅願寺である。また、鳥屋院と呼ばれる貴場がある。そこは順徳院が御幸したところである。そこに紫竹があって、昔から現在まで繁茂している。そこにある仏閣の跡には草一本も生えない」と述べているのである。

逆さ竹とは記されていないが、紫色の竹があるという。これは言うまでもなく、親鸞が紫色の杖を突いたら、そこから逆さに生えてきたという話と同じである。そして親鸞が住んでいたという仏閣の跡は、そこだけ草がまったく生えていないという話は、先に紹介した『遺徳法輪集』にも「この竹林の中に五間四方ほど竹草一茎も生ぜず、これ御住居の跡なり」と見られており、これが江戸時代の親鸞の逆さ竹伝承と一致することがわかる。

このことから、少なくとも逆さ竹伝承は江戸時代に親鸞旧跡の参詣が増えてきた段階でできあがった話ではなく、既に戦国時代にはこうした伝承が残されていたことがわかるのである。

「越後の七不思議」の形成過程

ここまで見てきたように、逆さ竹と八房の梅と三度栗の伝承というのは、比較的古くからこれを検証することができるが、先に紹介した「越後の七不思議」というまとまった形をとるのはいつの頃であろうか。

それをさらに検証していくと、江戸時代もかなり後期に属する享和《きようわ》三（一八〇三）年に刊行された『二十四輩順拝図会《にじゆうよはいじゆんぱいずえ》』というものに「越後の七不思議」を確認することができる。同書はベストセラーになった書物で、絵入りで親鸞や蓮如の旧跡を紹介した大部の一書である。同書によって、この「越後の七不思議」が江戸時代の後半になるとどうなっているか確認してみよう。同書の巻四には、

火井《かい》、油池、逆竹《さかさだけ》、三度栗、八房ノ梅　弘智《こうち》法印　鎌鼬《かまいたち》、是等をさして土俗越後の七不思議といへり

と見られる。ここには、親鸞の「七不思議」とは書かれておらず、「土俗越後の七不思議」と見られるのである。つまりこの江戸後期の段階でも、親鸞の「七不思議」という伝承にはまとまっていないことがわかる。

　ところで、親鸞に関わらない他の四つの不思議は何かというと、まず「火井」は庭先から火が燃え出でる家があり、その家の住人は竹を使って家の中に引き込み、明かりにしたり煮炊きをしているという。すなわち、天然ガスをさしているようである。二つ目の「油池」とは、端的に言って石油のことで、越後では古くから原油が池のように湧いていた。人々はそれを取って精製して、使用していたと言うことである。当時利用されていたのは一般的には菜種油であるから、石油の利用というのは大変珍しかったのであろう。

　さらに、三番目の「弘智法印」とは真言宗の僧侶のことである。西浄《さいじょう》寺《じ》という寺に、今日まで弘智法印の即身成仏のミイラが残っている。最後の「鎌鼬」は、よく知られているように、突然人の足とか手が傷ついて、血が流れるという現象である。近年では、科学的に説明されているが、江戸時代には原因がわからなかったために、不思議な出来事として語られていたのである。

このように、越後独特の自然現象や、即身成仏した僧侶のミイラなどが不思議として語られ、親鸞の伝承と組み合わさって「土俗越後の七不思議」が、江戸時代後期には確立していたのである。

なお、この『二十四輩順拝図会』などの真宗関係の書物以外でも、橘南谿《たちばななんけい》という医師が著した紀行文である『東遊記《とうゆうき》』（一七九五年刊）に、同様に「土俗七不思議」が記されていて、この時期、越後の奇異な現象としてよく知られていたことがわかる。

親鸞の「越後の七不思議」の成立

ここまで、江戸時代においては親鸞の「越後の七不思議」という形で未だ伝承が固まっていないことを見てきたが、それではいつ頃、それらが親鸞の「越後の七不思議」に変わっていったのであろうか。そこで、明治以降の史料を検索してみても、管見の限りこの「七不思議」にはっきりと言及したものは見いだすことができない。

時代は少し降るが、大正十四（一九二五）年に田面欽爾《たづらきんじ》という新聞記者が著した『親鸞遺跡巡礼紀行』に、ようやく親鸞の「越後の七不思議」を見いだすのである。

数日来私は越後の七不思議なるものを訪ねて歩いた。即ち片葉の葦、逆竹、三度栗、川越の名号、八房の梅、繋榧《つなぎがや》、焼鮒《やきふな》の旧跡である。

ここに至って始めて親鸞の「越後の七不思議」となって、江戸時代の終わりの頃から大正の間、つまり明治期前後に「越後の七不思議」という形で再編成されたのではないかと考えられるのである。ただ田面欽爾の記すところを見ても、現今の「七不思議」とは異なり、「数珠かけ桜」に替わって「川越の名号」が入っている。このことから、大正の頃には親鸞の「越後の七不思議」という言葉自体は成立しているものの、その一々については未だ流動的な段階であったと判断される。

以上に確認してきたことをまとめておくと、十八世紀の初め頃までは「越後の七不思議」という言葉すら見られていない。ところが、十八世紀の終わりから十九世紀の初め頃には、『東遊記』（一七九五年刊）や『二十四輩順拝図会』（一八〇三年刊）といった紀行に「越後の土俗七不思議」が確認されるようになるものの、それは七つ全てが親鸞の伝承ではなかった。

それが次第に整理されて、恐らくは明治の頃に「土俗」の部分が切り捨てられて、親鸞の「越後の七不思議」となっていったものと考えられる。しかし、大正の頃ではまだきちんと定まっておらず、その後に現在の「七不思議」に変わっていった、と考えられるのである。こうした「越後の七不思議」という親鸞にまつわる伝承は、こういう経緯で歴史的に形成されたものであると確認されるのである。

	反古裏（一五六八）	遺徳（一七一一）	遺跡（一七七一）	東遊記（一七九五）	二十四（一八〇三）	紀行（一九二五）	現代
国府の片葉の葦						●	●
田上のつなぎ榧				○	○	●	●
鳥屋野の逆さ竹	○	○	○	●	●	●	●
山田の焼き鮒						●	●
保田の三度栗		○	○	○	●	●	●
小島の八房の梅		○	○	●	●	●	●
小島の数珠かけ桜							●
川越の名号		○	○		○	●	
火井				●	●		
油池（臭水の油）				●	●		
カマイタチ				●	●		
弘智法印				●	●		
波の題目				●			

（○は「七不思議」としては数えられていないが、記述の見られるもの）

越後の七不思議が意味するもの

ここまで親鸞の「越後の七不思議」伝承の形成過程を検討してきたが、ここで一つ確認しておきたいことは、形成過程とは、あくまで越後における親鸞の伝承が、「越後の七不思議」という形で形成される過程を検討したのであって、個々の伝承がそれぞれの指摘した時代に成立したと主張するものではない。すなわち、それらの伝承はこの地における親鸞の言行として古くより語り継がれていて、それぞれの時代に板本化・活字化されることによって表面化したという可能性が高い。

それでは、こうした伝承は親鸞のどのような教化活動の事実を語り継いだものであったのだろうか。そのことを追求するには、この親鸞の「越後の七不思議」伝承が物語を通して何を伝えようとしているのかを検討しなければならない。

そう考える時、この親鸞の「越後の七不思議」のうち、実に六つまでが、生命のない植物や動物が、親鸞の呼びかけによって、再び生命を得るという話であることに注意される。すなわち、科学的見地から絶対芽を生やすことがないはずの紫竹の杖や梅干しの種、焼き栗、また生き返ることなどありえない焼き鮒などが、再び生命をえて繁茂したり泳ぎだしたりした、という点が重要であろう。

これらの伝承は、こうした命のない動植物が親鸞の呼びかけによって再び生命を持つという物語であるが、いずれもその前段で親鸞による精力的な教化活動があったことを述べている。代表的なものは、『遺徳法輪集』に見られる鳥屋野御敷地の伝承であるが、そこには次のようにある。

この処《とこ》ろは聖人三年御逗留まし〱き、しかるに邪見放逸《じやけんほういつ》の族《やか》ら初て御教化にあずかれども狐疑《こぎ》の惑《まどい》をいだいて信仰せず、誹謗の唇をめぐらして悪《あく》罵《ば》するもの瓦礫《がりやく》のごとく荊棘《きようこく》に似たり、しかれども柔軟慈悲の聖人にておわしませば、いよ〱ふかくこれをあわれみたまひ種々に教へたまへば、

岩木にあらぬ人情の終に改悔《がいけ》の袖をうるおし、信順するのともがら稲麻《とうま》におなじく竹葦《ちくい》にひとしければ聖人もよろこびたまいけり

すなわち、「この地に親鸞聖人が三年滞在して教化活動を行ったが、当初人々は狐疑の惑いをいだいて聖人を信仰せず、あまつさえ悪意をもって親鸞聖人の説く教えを誹謗するものがあった。そうした人々に対して親鸞聖人は、繰り返し教化を行ったことによって、ついに彼等は心を翻して信順するようになった」と述べている。そしてこの後、親鸞は紫竹を地に挿して、先に紹介したような不思議な出来事を起こすのである。

この伝承の眼目は、この親鸞の教えに疑惑をもって従おうとしない人々や、悪意をもって教えを誹謗するものを、懇切に教化したという点にあるものと考えられる。すなわち、教えに疑惑をもって従おうとしない人々とは、仏教用語でいえば、例えば『涅槃経《ねはんぎょう》』などに見られる、正法を信じず成仏する因縁を欠いた人をさす「一闡提《いっせんだい》」を、同じく悪意をもって教えを誹謗することは、正法

を謗りないがしろにする「謗法《ほうぼう》」の罪を指していよう。

こうした人々のことを親鸞は、『教行信証』信巻において詳しく取りあげている。特にその後段において、『涅槃経』に説かれる「難治《なんじ》の機」である「謗大乗」、「五逆罪」、及び「一闡提」を取りあげて、こうした資質を代表する阿闍世を釈迦が教化した説話を紹介したうえで、「ここをもって、今大聖《だいしょう》の真説に拠《よ》るに、難化《なんけ》の三機・難治の三病は、大悲の弘誓を憑《たの》み、利他の信海に帰すれば、これを矜哀《こうあい》して治《じ》す、これを憐憫《れんびん》して療《りょう》したまう。たとえば醍醐《だいご》の妙薬の一切の病を療するがごとし」、すなわち「このようなわけで、いま釈尊の真実の教えによると、教化しがたい謗大乗・五逆罪・一闡提のものは、阿弥陀如来の大悲の誓願にまかせて、他力回向の信心に帰すならば、深く哀れんで救ってくださる。それは醍醐の妙薬が一切の病を治すようなものである」と述べて、「謗大乗」、「五逆罪」、「一闡提」の者も、ついには救済されうることを明らかにしているのである。

『教行信証』の中核をなす信巻で課題とされた、これら「謗大乗」、「五逆罪」、

「一闡提」の救済を、生命のない動植物（仏性のない者）が親鸞の呼びかけによって再び命を得る（救われる）という比喩に託して人々が語り継いだ結果が、鳥屋野の逆さ竹などの七不思議伝承となったものと考えられるのではなかろうか。

第六章　関東の親鸞

一　越後から関東へ

関東移住にまつわる諸説

赦免後三ヵ年を経た建保《けんぽう》二（一二一四）年、親鸞とその家族は関東へ移住する。『御伝鈔《ごでんしょう》』は、その事情を次のように記す。

聖人越後《えちご》国より常陸《ひたち》国に越えて、笠間《かさま》郡稲田《いなだ》郷という所に隠居したまう。幽栖《ゆうせい》を占《し》むといえども、道俗跡をたずね、蓬戸《ほうこ》を閉ずといえども、貴賤衢《ちまた》に溢《あふ》る。仏法弘通の本懐ここに成就し、衆生利益《りやく》の宿念たちまちに満足す。

解釈すると、「親鸞聖人は越後国から常陸国に移って、笠間郡稲田郷という

稲田興法『親鸞伝絵』（東本願寺本）
〔右手に描かれた稲田草庵で布教する親鸞。〕

ところに隠居された。隠れ住んでおられたけれども、僧侶も俗人もそのところを訪ね、戸を閉じておられても、貴賤が道に溢れるほどであった。仏法を弘めたいとの聖人のかねてからの思いはこれで成就し、衆生に利益を施したいとの以前からの願いはすぐさま満足した」となろう。ここでは移住の年次も移住の理由も記さず、ただ越後国から常陸国笠間郡稲田郷に移住したという事実だけを簡単に述べている。

この移住が建保二（一二一四）

年に行われたことは、『恵信尼消息《えしんにしょうそく》』第五通に「『三部経』を真面目に読もうとされたのは信蓮房《しんれんぼう》が四つの年で、武蔵《むさし》の国であったろうか、上野《こうずけ》の国であったろうか、佐貫《さぬき》というところで読みはじめて、四五日ほどして思いかえし、読むのをやめて常陸へ行ったのです」と見られることによる。

すなわち、親鸞は越後から関東への移住の途中、武蔵国か上野国かの佐貫という地で『三部経』の千部読誦《どくじゅ》を試みたが、四五日経って取りやめて常陸へおもむいたという出来事があった。恵信尼はそれを信蓮房の四つの年であったと記憶していたのである。『恵信尼消息』は続けて、「信蓮房は未の年三月三日の昼に生まれたので、今年は五十三になるかと思います」と記しているから、信蓮房の誕生は建暦《けんりゃく》元（承元《じょうげん》五／一二一一）年のこととなり、関東移住がそのまる三年後の建保二年であったことが明らかとなる。

親鸞一家が越後から関東へ移住した理由については定かではない。以前より、越後から関東へ移住する農民と行動をともにしたとか、妻恵信尼の実家である三善家の所領が関東にあったからとか、『教行信証《きょうぎょうしんしょう》』を執筆するために一切経（大蔵経）を求めて移住したとか、いくつかの有力な説が提出された。しかし、越後農民が関東へ移住するのは江戸時代であることが判明したり、三善家の所領が関東で確認されなかったり、人々に対する教化より著述活動を重視したとは考えられないなどの理由から、いずれの説も決定的であるとは言えない。

善光寺勧進聖

そんな中で、近年、善光寺勧進聖《かんじんひじり》説が脚光を浴びている。すなわち、生前の親鸞を描いた「安城御影《あんじょうごえい》」に見られる猫皮の敷物や草履《ぞうり》、また鹿杖《かせづえ》などが、旅をする念仏聖の姿を彷彿《ほうふつ》とさせること。また、『御伝鈔』の「入西鑑察《にゅうさいかんざつ》」段では、親鸞門弟の入西が親鸞の肖像を描かせるために呼び寄せた絵師定禅《じょうぜん》が、昨夜見た夢に現れた聖僧《しょうそう》と親鸞の顔かたちがうり二つであり、その聖僧は「善光寺の本願御房」であったといわれるように、親鸞と善光寺の結びつきを示す古い伝承も残されていること。また、親鸞の著作の中に『善光寺和讃』と呼ばれる和讃五首が見られること。さらに、先にも述べた佐貫での三部経の千部読誦という行為が善光寺の勧進活動として行われた可能性があること、関東門弟の第一に挙げられる高田真仏の拠点如来堂の本尊が善光寺式阿弥陀三尊像であること、などにより親鸞は善光寺勧進聖であったとする説が提起されている。

加えて、親鸞の筆ではないものの、鎌倉時代のものとされる聖徳太子と善光寺如来の往復書簡なる文書（『聖徳太子善光寺如来御文』）が西本願寺に蔵されている。これが親鸞の所持品か否かはわからないが、少なくとも本願寺で善光寺如来に対する意識が早期より高かったことはわかる。さらに、初期真宗の遺品である山梨県万福寺旧蔵になる六幅の『親鸞絵伝』（西本願寺蔵）では、その第四幅目の下段に大きく善光寺の伽藍《がらん》を描き、そこに帽子《もうす》をつけた親鸞が参詣している様子が描かれている。このことは、初期真宗においても善光寺信仰が強く意識されていたことを証明している。

これらのことから、親鸞善光寺勧進聖説は説得的ではあるが、それにしても決定的な証拠があるわけではない。しかも、仮に親鸞がそうした勧進聖の身分で関東に向かったとしても、行く先が何故関東であったのかに答えたものでもない。親鸞関東移住の理由については、親鸞が長期にわたって居住した下妻《しもつま》や笠間付近に、親鸞の移住を促す何らかの要件を発見することが必要であろう。結局、親鸞の関東移住については、これまでさまざまな推測がなされてはいるものの、いまだ決定的な理由は不明とせざるをえないのである。

関東での拠点

先に紹介したように、『御伝鈔』は関東での親鸞の住まいを常陸国笠間郡稲田郷とのみ記している。しかし、戦国時代に成立した光教寺顕誓の『反古裏《ほごのうら》』は、「常陸国下妻の三月寺《さんがつじ》小嶋《おじま》に三年ばかり、同く稲田の郷に十年ばかり御座をなされぬ」と、稲田に赴く前に下妻の小島に三年住んだとの伝承を伝えていて、今の小島草庵跡（茨城県下妻市小島）がその地であったともいう。

ここで言われる「下妻」については、『恵信尼消息』（第三通）に「さて、常陸の下妻と申し候う所に、さかいの郷と申す所に候いしとき」、すなわち「さて、常陸国下妻という所に、さかいの郷という所にいたとき」と見られるから、一時、親鸞一家が下妻に住していたことは明白である。ただし、それが稲田住に先立つ三年間であったかどうかは明らかではないし、『反古裏』のいう「小島」と『恵信尼消息』のいう「さかいの郷」がどのような関係にあるのかについても定かではない。もし、「さかいの郷」が下妻市の「坂井」に比定できるならば、「坂井」は「小島」の東北約三キロメートルほどの所に位置しているから、あるいは同一の箇所を指しているとも考えられる。

『御伝鈔』が関東での居住地として挙げている稲田は、現在の茨城県笠間市稲田に当たり、西念寺《さいねんじ》がその旧跡を伝えている。西念寺に残されている伝承によると、親鸞は建保五（一二一七）年に小島からこの地に移り住み、十数年居住したと伝えている。先にも述べたように、越後から小島（坂井）への移住が建保二（一二一四）年と推定されるから、小島（坂井）でまる三年暮らしたこととなり『反古裏』の記述とも一致する。

関東における親鸞伝承

親鸞が関東での活動拠点とした小島（坂井）や稲田など、常陸国での生活は約二十年間に及んだ。この常陸を始め、周辺の下総《しもふさ》・下野《しもつけ》・陸奥《むつ》などには、現在でも多くの親鸞伝承が残されている。『親鸞伝絵《でんね》』（『御伝鈔』）を制作するために、覚如《かくにょ》が父覚恵《かくえ》とともにたどった親鸞の足跡は、多くこの付近の旧跡であったに相違ない。しかし、当時も数多くの親鸞伝承が残されていたであろうにもかかわらず、覚如が『親鸞伝絵』（『御伝鈔』）に採用した伝承はごくわずかである。

そこで、『御伝鈔』と関東に残された伝承を比較してみると、以下の五つのパターンに分類される。

①は『御伝鈔』の記述とほぼ同様の伝承が関東にも残されているもの。
②は『御伝鈔』の記述と関東に残る伝承がもともと同じ話であったにもかかわらず、内容に変化が見られるもの。
③は『御伝鈔』には見られるものの、関東には残っていない伝承。
④は『御伝鈔』には見られず、関東にのみ残される伝承。
⑤は『御伝鈔』にも、関東にも残されていないが、覚如の『口伝鈔』に見られる伝承。

以上の五パターンである。前章で紹介した「越後の七不思議」はいうまでもなく④のタイプである。

さて、五パターンのうち、①の事例としては、常陸国那珂《なか》郡松原上宮寺《じょうぐうじ》（那珂市本米崎《もとこめざき》）に残されていた山伏の逸話が代表的で、次に紹介する。②の事例としては、同国茨城郡大部《おおぶ》真仏《しんぶつ》寺（水戸市飯富《いいとみ》町）の平太郎（中太郎）の熊野参詣伝承があり、『御伝鈔』の成立事情を考えるうえで興味深いが、これは親鸞帰洛後の出来事とされているので次の章で触れることとする。③の事例としては、親鸞が帰洛途上箱根で経験した「箱根霊告《はこねれいこく》」の伝承があげられ、これも以下で触れる。④の事例は数多く確認され、全てを取りあげることはできないが、このうち常陸国茨城郡与沢村《よざわ》（小美玉市与沢《おみたま》）などに残される、親鸞の一字一石経《いちじいっせききょう》制作伝承について検討し、関東に残された親鸞伝承の意味を考えてみる。最後の⑤の事例としては、『口伝鈔』に見られる一切経校合《きょうごう》の伝承があり、これも次章で紹介しておきたい。

二 『御伝鈔』に記された逸話

山伏済度

そこでまず①の事例である山伏を済度する逸話であるが、『御伝鈔』下第三段「山伏済度《やまぶしさいど》」には以下のように見られる。

聖人《しょうにん》常陸国にして、専修念仏の義をひろめ給うに、おおよそ、疑謗《ぎほう》の輩《ともがら》はすくなく、信順の族はおおし。しかるに一人《いちにん》の僧　山臥云々　ありて、ややもすれば、仏法に怨《あた》をなしつつ、結句害心を挿《さしはさ》んで、聖人を時々うかがいたてまつる。聖人、板敷山《いたじきやま》という深山を恒《つね》に往反《おうへん》し給いけるに、彼の山にして度々相待つといえども、さらに其の節をとげず、倩《つらつら》ことの参差《しんし》を案ずるに、頗《すこぶる》奇特のおもいあり。よって、聖人に謁せんとおもう心つきて禅室に行きて尋申すに、聖人左右《そう》なく出会いたまいにけり。すなわち尊顔にむかいたてまつるに、害心忽《たちまち》に消滅して、剰《あまつさえ》後悔の涙禁じがたし。ややしばらくありて、有《あり》のままに、日来《ひごろ》の宿鬱《しゆくうつ》を述すといえども聖人またおどろける色なし。たちどころに弓箭《きゆうせん》をきり、刀杖《とうじよう》をすて、頭巾《ときん》をとり、柿衣《かきのころも》をあらためて、仏教に帰しつつ終《つい》に素懐《そかい》をとげき。不思議なりし事なり。すなわち明法《みようほう》房是なり。聖人これをつけ給いき。

解釈すると、「親鸞が常陸国で一向専修の道理を説き弘めたところ、疑いそしるものは少なく、信じ従う人々が多かった。ところが一人の山伏が、何かというと仏法に敵をなし、ついに悪心を抱いて親鸞を討とうとねらった。そして、親鸞の行き来する板敷山の山道で待っていたが、うまく行き会わせなかったため、稲田の坊舎を訪れて案内を請うと、親鸞はためらうことなく山伏に会った。山伏が親鸞の顔を見ると、たちまち害心が無くなって、彼を討とうとしたことを後悔する涙が止まらなかった。山伏はありのままに日頃の親鸞に対

山伏済度『親鸞伝絵』(東本願寺本)
〔右は稲田草庵に親鸞を訪ねる山伏、左は親鸞に帰依した様子を描く。〕

する思いを述べると、親鸞は驚きもしなかったので、彼はたちどころに武器を捨て衣服を改めて親鸞の教えに帰依し、往生の素懐を遂げた。不思議なことである。明法房がこの人で、親鸞聖人がその名を付けた」となる。

この『御伝鈔』に採用された山伏済度の逸話は、江戸時代の松原《まつばら》上宮寺《じょうぐうじ》にもほぼ変わらない形で伝えられている。上宮寺の伝承が『御伝鈔』と異なるのは、この山伏が元は弁円《べんねん》という名前であり、また豊前僧都《ぶぜんそうず》と名のって常陸国の山伏を統轄する地位にあったことを述べるくらいである。

この伝承は、「越後の七不思議」伝承とは異なり、親鸞が教化した山伏の具体的な名前が明らかである。また、親鸞から明法房との房号を受けた弁円は、深く真宗に帰依して、後に京都へ戻った親鸞とも交流を続けていた様子でもある。明法房の死去の報に接した親鸞が、「明法の御坊の、往生の本意とげておわしましそうろうこそ、常陸の国中のこれにこころざしおわしますひとびとの御ために、めでたきことにてそうらえ」すなわち、「明法房が往生の本意を遂げられたことは、常陸の国中の同じ志をもつ人々のために、よろこばしいことであります」と弔意を伝えた書状が残されている（『御消息集』（広本）第三通）。

関東（おそらく松原上宮寺で）で山伏弁円の逸話を採集した覚如は、『末燈鈔《まつとうしょう》』に収録された親鸞の書状に見える明法房が、この弁円であることを知り、かつ親鸞がその書状で「往生の本意」を遂げたと高く評価していることを知っていたので、覚如はこの伝承を、関東における親鸞の教化活動を示す、唯一の逸話として『御伝鈔』に採用することをためらわなかったのであろう。

しかし、この伝承も意味するところは「越後の七不思議」と大きく変わらない。弁円は当初、親鸞の説く教えを疑い憎み、あまつさえ親鸞をなき者にしようと試みた「謗法《ほうぼう》」の徒であった。親鸞は関東の門弟に送った書状で、「明法坊なんどの往生しておわしますも、もとは不可思議のひがごとをおもいなんどしたるこころをも、おもいかえしなんどしてこそそうらいしか」(同前)、すなわち「明法房が往生しておられるのも、もとはとんでもない誤った考えをもっていた、その心をひるがえしたからなのです」と述べて、明法房が「誤った考え」=「謗法」の徒であったことを認めている。

親鸞は関東においても弁円のような「謗法」の徒や、全く仏教に関心を示そうとしない「一闡提《いっせんだい》」の徒を目の当たりにしたのである。しかし、親鸞は彼等こそ阿弥陀如来に救われるべき正機と確信して教化し続けたのであった。その結果、ついに「謗法」の徒・弁円にも教えが通じて、彼は往生の本意を遂げるまでの念仏者となった。

『教行信証』信巻に展開された、「一闡提」「五逆罪」「謗法」の徒も、ついには往生を遂げるという、親鸞の確信を実証した門弟こそ山伏・弁円（明法房）であったのではなかったか。ただ、「越後の七不思議」の場合とは異なり、この逸話では具体的な親鸞と弁円との出会いの様子や、弁円の回心への過程が、関東の人々とりわけ松原上宮寺の記憶に残されており、加えてその往生を称《たた》える親鸞の書状も書き残されていた。このようにこの逸話が具体的に語り継がれていたことが、「越後の七不思議」のように、命のない動植物が命を取り戻すという比喩を用いなくとも、事実が伝承され続けた要因だったのではなかろうかと考える。

一字一石経の伝承

④の事例、すなわち『御伝鈔』には見られないものの、関東にのみ残された伝承は数多い。そのうちここでは親鸞が一字一石経を制作して亡者を済度したという伝承を紹介するが、これは先に述べた茨城郡与沢村の厭良《えら》に伝わったも

のである。

先に紹介した『遺徳法輪集《いとくほうりんしゆう》』には、以下のような話が掲載されている。

常陸国茨城郡与沢村厭良に与八（喜八とも）という者がいた。妻が難産で死んでしまったため、しかたなく塚（墓）を作って葬ったところ、その夜からその妻の幽霊が現れて、泣き叫ぶ声が村里に響き、人々がたいへん恐れたという。与八は妻がそのように人々を恐れさせていることを非常に悲しんで、いろいろな寺から偉い祈禱師を呼んで祈ったが全く効き目がなかった。ところがそのとき、親鸞が鹿島《かしま》へ向かう途中、その村を通ることを聞いた与八は、事情を話して済度してくれるようにと願ったのである。そこで親鸞が、小石を集めるよう指示したので、与八等は一族で近辺の小石を集めてくると、親鸞はそこに『三部経』を残らず書き、これを塚に埋めるように言って立ち去ったという。与八はこれをいただいて塚に埋め込むと、その夜の暁に与八とその一族が夢を見る。妻は、私は愛執の波に漂って夜な夜な人々を困らせていたが、昨日、親鸞の化導によって往生を遂げることができました、と言い、光を放って西の方向へ飛んでいったという夢を見たのである。

この伝承に見られるような、小石に経典を書き付けて埋めるという信仰習俗は日本全国に多く見られる。小石一つに一字を書き込み、追善とか供養のために作られたとされる。石に書かれることが一番多い経典は『法華経《ほけきょう》』であり、こうした『法華経』の「一字一石経」は関東でも関西でも、また西の方では博《はか》多《た》付近でも発見されていて、全国的にしかも中世には確実に行われていた信仰習俗なのである。

この『三部経』の「一字一石経」を制作するという伝承は、親鸞がなした行為としては違和感を感じざるをえない。そこで、覚如は『御伝鈔』に採用しなかったのであろう。ところが、親鸞が『三部経』の一字一石経を制作したという話は、この与沢村以外にも、常陸国茨城郡鳥巣《とりのす》無量寿寺（茨城県鉾田《ほこた》市鳥栖《とりのす》）

喜八（与八）阿弥陀堂

の幽霊済度の伝承や、下野国都賀《つが》郡華見岡《はなみおか》（栃木県下野市国分寺）の大蛇済度の伝承に残っている。また、『三部経』ではなく六字名号を石に書き付けて淵に沈め、大蛇を済度した話が甲斐国都留《つる》郡阿弥陀海道（山梨県大月市笹子《ささご》町）に残っていて、こうした経典や名号を石に書き付けて済度するというのが、関東における親鸞伝承の一つのパターンなのではないかとすら思われる。

『三部経』の千部読誦

ところで、このような「一字一石経」を制作して人々の苦しみをとろうとする親鸞の姿は、『恵信尼消息』に見られる「寛喜《かんぎ》の内省」と呼ばれる逸話を連想させる。その逸話は次のようなものである。

親鸞は寛喜三（一二三一）年四月四日の昼頃から少し風邪を引いたように感じられて、夕方から横になっていたが、だんだん風邪がひどくなってきた。腰も膝もさすらせず、看病人も近づけずに、静かに横になっていたが、体は火のように熱く頭痛もひどかった。そして、寝付いてから四日目（または八日目）の暁、苦しそうに「まはさてあらん（もう、そうしよう）」と言ったので、恵信尼がどうしたのですかと聞くと、親鸞は次のように語るのである。

横になって二日目から休みなく『大無量寿経《だいむりょうじゅきょう》』を読んでいた。目を閉じると経の文字が一字残らず輝いてはっきりと見えた。念仏を信じることのほかに何が気になるのかと思ってよく考えてみると、十七、八年前に真面目に『三部経』を千部読誦して、衆生利益をしようとしたことがあった。しかし、これはなにをしているのだろうか、「自信教人信、難中転更難」とあるように、自ら信じ人を教えて信じさせること、それが本当に仏恩に報いることであるということがわかっていながら、名号のほかに何が不足で経を読もうとするのか、と思い返して止めたことがあった。そのことがまだ私の気持ちのなかに少し残っていたに違いない。人間の執心、自力の心は充分注意しなければならないなと思って、経を読むことをやめたのだ。それで四日目の暁に「もう、そうしよう」と言ったのだ。

こう語り終えると、親鸞の風邪は回復したという。

先にも述べたように、この『三部経』千部読誦の試みは、親鸞一家の越後から常陸への移住の途中でなされたと思われ、『恵信尼消息』は続けて「『三部経』を真面目に読もうとされたのは信蓮房が四つの年で、武蔵の国であったろうか、上野の国であったろうか、佐貫というところで読みはじめて、四五日ほどして思いかえし、読むのをやめて常陸へ行ったのです」とあるから、建保二（一二一四）年の出来事であった。

　この逸話は従来、親鸞の心の葛藤というように解釈されている。すなわち、親鸞は自身の信仰形成の過程を『教行信証』化身土巻で、「久しく万行《まんぎょう》・諸善《しょぜん》の仮門《けもん》を出でて、永く双樹林下《そうじゅりんげ》の往生を離る、善本・徳本の真門に回入《えにゅう》して、ひとえに難思《なんし》往生の心を発《おこ》しき。しかるにいま特《まこと》に方便の真門を出でて、選択の願海に転入せり、速やかに難思往生の心を離れて、難思議《なんしぎ》往生を遂げんと欲《おも》う」と語っている。

　真宗教学では、この「万行・諸善の仮門」と「善本・徳本の真門」と「選択の願海」という三つの立場を、『仏説無量寿経』に見られる阿弥陀如来の四十八願の、第十九願（至心発願の願）、第二十願（至心回向の願）、第十八願（至心信楽の願）に相応するととらえ、親鸞は比叡山を降りることで、「万行・諸善の仮門」（さまざまな行や善を修める方便の門）を離れ、法然の教えによって「選択の願海」（選択本願に帰する他力念仏の立場）に入ったと理解する。そして、「選択の願海」に帰したにもかかわらず、「善本・徳本の真門」（もろもろの善本や徳本を植えようとする自力の執心）が現れ、『三部経』を千部読誦するという善本・徳本で衆生利益を行おうとしたことを反省したのが「寛喜の内省」であったと理解されている。

この佐貫で行った『三部経』千部読誦と、与沢村で行ったと伝えられる「一字一石経」の伝承は、経典を読誦したり書写したりする善本・徳本を積んで、人々を救おうとした行動であったことが共通している。親鸞においても、現実社会のなかで、目の前で苦しんでいる人々を間近に見るとき、あるいは何とかしてくれと言われたとき、衆生利益のために経典の読誦や書写など、経典のもつ功徳を期待するようなことを行ったのではないかと思うのである。

この佐貫での『三部経』千部読誦の背景として、この建保二（一二一四）年の大変な天候不順を見ようとする説がみられる。すなわち、この年は大旱魃《かんばつ》の年であり、五月には鎌倉の鶴岡《つるがおか》八幡宮で雨乞いが行われ、六月には鎌倉で将軍源実朝《さねとも》が雨乞いのために『法華経』を読誦するという異例の出来事があったという。さらに、同月には京都でも雨乞いの祈禱が行われ、幕府領の年貢が減免されるという処置も講じられたほどであったというのである。

このことから、佐貫での『三部経』千部読誦は、親鸞が当地の人々の依頼を受けて行った、雨乞いのための読誦ではなかったかという。親鸞は『三部経』千部読誦を始めてから四五日経って、自分は一体何をしているのかと我に返り、すぐに佐貫の地を去って常陸国に行っているが、このすぐに立ち去ったという事実こそ、『三部経』千部読誦が親鸞の自発的行為ではなく、人々からの依頼によったものであったことを示しているというのである。

ひるがえって、常陸国与沢村で『三部経』の「一字一石経」を制作したのは、五十歳の頃とも伝えられている。一方で、真の他力の念仏に立ち至ったと言われている「寛喜の内省」は五十九歳の出来事である。すなわち、このころまでの親鸞は、念仏の教えと苦しみの多い現実社会で生きる人々との狭間で、悩み苦しんでいたのではなかったろうか。衆生利益のために『三部経』を読誦したり書写したりすることを行うか、行わないかという心の葛藤が、まだあった時期ではなかったかと考えるのである。

そうすれば、関東の人々と親鸞のこうした日常的な関係が、『御伝鈔』には採用されなかったものの、現地に残った伝承のなかに含まれている可能性があるだろうと考えるのである。そういう観点からこの伝承は見直すべきではなかろうか。

第七章　親鸞の帰洛

一　関東から京都へ

親鸞の帰洛

約二十年の関東居住を止めて、親鸞は京都へ戻ることとなる。『御伝鈔《ごでんしょう》』には「聖人、東関の堺を出でて、花城《かせい》の路《みち》におもむきましましけり」、すなわち、「聖人は関東の堺を離れて、京都に上る路につかれた」とだけ簡単に記されていて、その年代も理由も述べられない。

そこで、まず年代を考えてみると、光教寺顕誓の『反古裏《ほごのうら》』は六十歳の時と述べており、これに従えば貞永《じょうえい》元（一二三二）年のこととなる。しかし、後に述べるように、近年、鎌倉で行われた一切経校合への参加を史実と考える見解も出されていて、これが認められるなら、少なくとも、もう二年遅い文暦《ぶんりゃく》元（一二三四）年ということになる。

次に、帰洛の理由であるが、これについても越後から関東へ移住した理由がはっきりしないように、諸説あるものの決定的なことはわかっていない。その諸説とは、『教行信証』を完成させるためであるとする説や、鎌倉幕府の念仏弾圧を回避するためであるとする説などであるが、前者については、『教行信証《きょうぎょうしんしょう》』は関東で一応の完成を見たとするのが定説であること、後者については、文暦元年に朝廷が専修念仏停止の令を発布しているように、この時期、関東よりむしろ京都の方が念仏に対する風当たりは強いことなどから、これらの説は根拠としては不十分である。

また、親鸞＝善光寺《ぜんこうじ》聖《ひじり》説《せつ》をとる立場からは、関東での勧進体制が確立して、親鸞の関東移住の当初の目的が達成されたため、安心して故郷に帰ったのであろうとの考えも提出されているが、逆に安定的な勧進体制が確立されたのなら、全く経済的な拠り所のない京都へもどることは、六十歳を超えようとする老親鸞にとって、かえって厳しい生活を強いることになるとも考えられ、この説にはにわかに賛成はできない。

やはり、親鸞を帰洛させたのは、故郷で死を迎えたいという、人間としての自然な感情の結果であろう。それが六十を超える年齢になったのは、高田門徒・横曾根《よこそね》門徒など、親鸞の教えを受け継いでいく門徒団の体制が整ったと親鸞が判断したからではなかろうか。もちろん、事実としては親鸞の帰洛後に、関東ではさまざまな異義が噴出することとなり、それが初期教団の混乱を生み出すことになるのではあるが。

箱根霊告

親鸞帰洛途上の逸話として『御伝鈔』は、「箱根霊告《はこねれいこく》」を紹介している。これは、先に紹介した③のパターン、すなわち、『御伝鈔』には見られるものの、関東には残っていない伝承の唯一の例である。『御伝鈔』は、以下のように述べる。

親鸞が箱根山のけわしい路を通って、ようやく人家のあるところに近づいたときには、もう明け方となっていた。親鸞が人家に歩み寄って取次を乞うと、年とった美しく装束《しょうぞく》を調えた翁《おきな》がすぐに出て来て言った。「ここは神社まぢかのところの習慣として、巫《かんなぎ》たちがよもすがら神楽《かぐら》をしていたのに自分も加わっていた。ついいましがた、寄り合ってまどろんだと思ったら、夢かうつつか、権現がわたくしに仰った。『ただいま自分が尊敬しなければならない客人がこの箱根路を通過される。きちんと真心をこめ礼儀を尽くして、特に丁寧なおもてなしを用意せよ』と。この権現のお示しが終わらないうちに、あなたが不意に姿を現された。どうしてあなたはただ人であられよう。神勅は明らかである。神がこのように感応されたことを、私は最も敬う」といって聖人を敬いたてまつり、いろいろに食事を飾り、いろいろの珍味を用意した。

この「箱根霊告」は、結局親鸞の教えに従ったという人物を紹介した話では

箱根霊告『親鸞伝絵』（東本願寺本）
〔箱根山中で旅の親鸞一行を迎える翁。〕

ない。箱根に住む神官が箱根権現の夢告によって、親鸞をもてなしたという物語である。このため、この伝承を伝える寺院がなかったのか、近世に編纂された旧跡巡拝記の類には、この話は詳しく掲載されていない。例えば、『大谷《おおたに》遺《い》跡録《せきろく》』は「箱根大権現」の項を立てて「高祖聖人六十二歳、文暦元年八月十七日ヨリ三日御逗留云々」とあり、『二十四輩順拝《にじゅうよはいじゅんぱい》図会《ずえ》』は同じく「箱根大権現」の項目を立てて、少し詳しく「文暦元年八月十七日聖人御帰洛の砌《みぎり》、この山坂を通行なし給ひける時、権現巫の翁に命じて招請し給ひ、三日が間種々御饗応ありけるとかや、事実委《くわし》くは御伝抄にしめし給ひ、世のよく知る所なり」と見られる程度である。

親鸞が箱根を通過した年次を、文暦元（一二三四）年八月十七日とすることや、箱根に三日間逗留したとする根拠がどこにあるのかはわからないものの、『二十四輩順拝図会』に「委くは御伝抄にしめし給ひ」とあるように、この伝承が『御伝鈔』に拠るものであることを明記していることには留意しておかなければならない。これら聖跡巡拝記を書いた僧侶たちは、あくまで現地の伝承に基づいて記述することに正直であったことを証明しているからである。

後の「熊野《くまの》霊告《れいこく》」の所でも詳しく述べるが、これら巡拝記の筆者等は、『御伝鈔』が唯一無二の親鸞伝として、疑うことなく信じられていた時代であるにもかかわらず、『御伝鈔』を現地に押しつけて記述しようとは決してしていない。『御伝鈔』に詳しい話が載っていたとしても、現地に残されていなければ記述せず、『御伝鈔』を見よという形でまとめている。こうした現地主義を貫くという生真面目さを、彼等は守っていることに留意しておくべきである。

一切経校合

⑤のパターンの伝承として、帰洛の途とすべきかどうかは議論があるかもしれないが、箱根に残された親鸞帰洛とほぼ同時期に、親鸞が鎌倉で一切経の校《きょう》合《ごう》を行ったとする伝承がある。『御伝鈔』と同じ覚如《かくにょ》の筆になる『口伝鈔《くでんしょう》』の「一切経御校合の事」の条には、以下のように見られる。

西明寺の禅門（後の執権《しっけん》・北条時頼《ときより》）の父である修理亮時氏《しゅりのすけときうじ》が政務を行っていたころ、一切経を書写させたことがあった。その校合を行わせる僧を招こうと、二人の家臣に命じて探させたところ、彼等は親鸞を見つけ出し、親鸞は招きに応じて校合を行った。ある時、酒宴が催されて魚鳥の肉が出されたところ、親鸞は袈裟をつけたままでそれを食べたことに対し、当時九歳であった開寿丸《かいじゅまる》（時頼）が、他の入道たちは肉を食べるときには袈裟をはずして食べるのに、親鸞は何故脱がないのか不審であると問うた。親鸞が入道たちは何時も肉を食べているので、食べるときは袈裟を脱ぐべきと覚悟しているが、私はこうしたものを滅多に食べないので脱ぐのを忘れていました、と答えた。これに対して開寿丸は私が幼いから本当のことを言ってくれないのかと迫ると、親鸞は出家者が肉を食べることは禁じられているが、末法濁世の今は無戒の時であり、守るべき戒も破るべき戒もない。僧の姿はしていても俗人と同じであるから肉を食べるが、袈裟の徳用によって生類が解脱するように、着用しながら食べるのですと答えたという。

この説話は、『御伝鈔』の制作者である覚如が記録しているものであるのに、『御伝鈔』が権威ある親鸞伝とされる一方で、何故かこれまでほとんど問題とされなかった。しかし近年、文暦二（嘉禎元／一二三五）年二月に鎌倉明王院《みょうおういん》

一切経校合『親鸞伝絵』（仏光寺本）
〔左手中央が親鸞、右は一切経校合の礼を述べる
覚印とされる。〕

で一切経の供養が行われていることや、親鸞を捜し出した二人の家臣である「武藤左衛門入道」と「屋戸《やど》やの入道」が実在の鎌倉幕府の要人であることなどを根拠として、当時既に死去している修理亮時氏の時でなく、時頼の祖父泰時の時の誤りであるとすれば、十分に成立しうる話であるとして、その史実性を評価する研究が出された。

加えて、『口伝鈔』の初稿本は修理亮時氏が武蔵守泰時《むさしのかみやすとき》となっていることが明らかとされ、さらに近年注目されている室町初期の成立と認められる仏光寺本『親鸞伝絵《でんね》』に、この一切経校合の話が含まれていることなどが紹介されて、この説話の信憑性は高まっている。

帰洛後の親鸞

京都へ戻った親鸞は、『御伝鈔』によるとあちらこちらに転居したらしいが、五条西洞院《にしのとういん》辺りに比較的長く住んでいたようである。『御伝鈔』はいう。

聖人故郷に帰りて往事をおもうに、年々歳々夢のごとし、幻のごとし。長安・洛陽の栖《すみか》も跡をとどむるに嬾《ものう》しとて、扶風馮翊《ふふうふよく》ところどころに移住したまいき。五条西洞院わたり、一つの勝地なりとて、しばらく居をしめたまう。今比《このごろ》、いにしえ口決《くけつ》を伝え、面受を遂げし門徒等、おのおの好《よしみ》を慕《した》い、路を尋ねて、参集したまいけり。

解釈すると、「聖人は故郷に帰って昔のことを考えると、思い出す年々歳々は夢のようでもあり、幻のようでもある。洛東・西京の住居も跡を残すのは何となく気が進まないとして、右京・左京のところどころに移住された。五条西洞院の辺りは勝れたところであるとして、しばらく居住された。今昔に、聖人の口から直接に教えを受けた門徒らは、おのおの因縁をなつかしく思って、聖人の居処への路を聞いて集まった」となろう。

文暦元（一二三四）年六十二歳での帰洛ということであれば、示寂するまでの二十八年間の長きを京都で過ごしたこととなる。右の引用にあるように、親鸞を慕う関東の門弟達は、折に触れて京都の親鸞を訪問したのである。

この記述は、正本《しょうほん》と写本《しゃほん》とを含めると四十三通伝わっている親鸞消息に即して述べられたものと考えられる。すなわち、覚如は関東における親鸞旧跡巡拝の際に、各地の門弟によって保管されたり書写されたりして伝わっていた親鸞消息を採集したようである。それらは、後に覚如の子・従覚によって『末燈《まっとう》鈔《しょう》』として編纂されるが、その第二通目は「この御書（消息）は性信《しょうしん》聖の遺跡（報恩寺）から、親鸞聖人御自筆の本をもって、彼の門弟中に写し与えられたものである」との識語をもっているから、覚如が性信門弟の誰かから見せてもらい書写したものであろうことが推測される。

この『末燈鈔』には、「お手紙は詳しく承りました」（第九通・第十通）とか、「お尋ねになりました念仏の不審のことは、……」（第十二通）などと書き出す消息が見られ、関東門弟が京都の親鸞に教義上の質問を提出し、それに親鸞が懇切に答えた返書であることは明らかである。そして、「明教房《みょうきょう》が京都へ登ってこられましたことはありがたいことです」（第二十通）などとも見られるように、関東門弟がそうした質問状を直接京都の親鸞に届けていたことも明らかに知られる。こうしたことから、『御伝鈔』の先の記述が生まれたものと推測される。

こうした帰洛後の親鸞の情況は、親鸞の言行録として知られる『歎異抄《たんにしょう》』でも、「それぞれの方が、十余カ国の堺を越えて、体と命を考慮することなく、私を尋ねてこられる御こころざしは、ひたすらに往生極楽の道を問い聞こうとするためである」（第二章）と語られており、同様の情況を示したものであろう。

また、こうした親鸞消息には「念仏の勧めものを、それぞれの方のなかよりとして、確かに戴きました」（『御消息集』（広本）第八通）とか、「御こころざしの銭五貫文は、十一月九日に戴きました」（『御消息集』（広本）第十一通）など、親鸞が関東門弟から金銭を授受したことへの御礼が述べられたものも見られる。したがって、帰洛後の親鸞は関東門弟との深い絆によって結ばれ、関東門弟を在住時代と同様に消息を通して教化し、それに対して関東門弟は親鸞を経済的に支えるという関係をもっていたのである。

善鸞の義絶

こうした京都での親鸞の動向を伝える消息からは、晩年の親鸞を襲った善鸞《ぜんらん》義絶《ぎぜつ》事件を知ることもできる。この事件は、関東門弟の教義上の諍論《じょうろん》を解決すべく親鸞が派遣した実子善鸞が、関東門弟等を惑わせるような言動を行い、ついには門弟等を鎌倉幕府へ訴えるという事態となったため、親鸞は善鸞を義絶するということになった痛ましい事件である。この事件について、『御伝鈔』は全くその事実を記述していない。

事の発端は、親鸞八十歳の建長《けんちょう》四（一二五二）年に、弥陀の本願は悪人救済にあるのだから悪を造ることを恐れるべきではないとする、いわゆる「造悪無《ぞうあくむ》碍《げ》」の異義《いぎ》が目立ってきたことにあったようである。親鸞消息には、「まだ無明の酔いが醒めてもいないのに、重ねて酔いを勧めたり、毒も消えてはいないのに、さらに三毒《さんどく》を勧められていることは、実に嘆かわしいことです」との喩えで、「造悪無碍」を批判している。

こうした関東門弟の動揺に対して親鸞は、この頃、善鸞を名代として関東に派遣する。ところが、善鸞は関東門弟等の教導に困難を覚えたのか、思いがけないことを言い出して関東門弟を困惑させた。それは、親鸞が自分だけに夜密《ひそ》かに本当の教えを伝えたのだと言いつのり、これまで信じてきた教えを捨てさせようとしたのである。このことから、大部《おおぶ》郷の中太郎入道のもとにいた九十余人が、皆善鸞の方へ行き、中太郎を見限ってしまうというような事態も起こった。

その親鸞から伝えられた教えについては、「第十八願をしぼめる花にたとえた」とも述べられているから、親鸞がもっとも大切にした第十八願を否定するような言動であったらしい。あるいは、行としての念仏を強調して、その利益で往生を遂げようという主張だったのではないか、ともいわれている。

さらに善鸞は、関東門弟の掌握が困難と判断したのか、鎌倉幕府に彼等を訴えるという挙にでる。関東親鸞門弟の重鎮であった性信等の活動によって、事なきを得るのであるが、こうしたなか、親鸞は善鸞を義絶する。それを通告した善鸞義絶状には、「親鸞に嘘偽りを言ったことは、父を殺すことです。五逆《ごぎゃく》の一つです。このことを伝え聞くのは、嘆かわしいこと限りないので、今は、親ということはありません。子と思うことも思い切りました」とあって、憤りのなかにも悲しみを帯びた親鸞の気持ちが表れている。

二　関東門弟との絆—平太郎の熊野詣

京都に戻った親鸞と関東門弟との具体的な結びつきについて、『御伝鈔』は唯一「熊野霊告」の段で、平太郎の熊野詣の逸話を紹介している。それは、以下のような内容である。

熊野霊告

其の比《ころ》、常陸国那荷西郡《なかのさいのこおり》大部郷に、平太郎なにがしという庶民あり。聖人の御訓《みおしえ》を信じて、専ら弐《ふたごころ》なかりき。しかるに、或時、件《くだん》の平太郎、所務に駈《か》られて熊野に詣すべしとて、事のよしをたずね申さんために、聖人へまいりたるに仰せられて云わく、「(中略)しかればすなわち、何の文によりて、専修の義、立すべからざるぞや。証誠殿《しょうじょうでん》の本地すなわちいまの教主なり。（中略）垂跡《すいじやく》をとどむる本意、ただ結縁の群類をして願海に引入せんとなり。しかあれば、本地の誓願を信じて偏に念仏をこととせん輩、公務にもしたがい、領主にも駈仕《くし》して、其の霊地をふみ、その社廟に詣せんこと、更に自心の発起するところにあらず。しかれば、垂跡におきて、内懐虚仮《ないえこけ》の身たりながら、あながちに賢善精進《けんぜんしようじん》の威儀《いぎ》を標《ひより》すべからず。唯、本地の誓約にまかすべし（中略）」と云々　これによりて平太郎熊野に参詣す。道の作法　別　整《とりわきととのうる》　儀《ぎ》なし。（中略）はたして無為《むい》に参着の夜、件の男夢に告げて云わく、証誠殿の扉をおしひらきて衣冠《いかん》ただしき俗人仰せられて云わく、「汝何ぞ我を忽緒《こつしよ》して汚穢不浄《おえふじよう》にして参詣するや」と。爾時《そのとき》かの俗人に対座して聖人忽爾《こつじ》として見え給う、其の詞に云わく、「彼は善信が訓《おしえ》によりて、念仏する者なり」と云々　ここに俗人笏《しやく》を直《ただ》しくして、ことに敬屈《けいくつ》の礼を著《あら》わしつつ、かさねて述ぶるところなしと見るほどに、夢さめおわりぬ。おおよそ奇異《きい》のおもいをなすことというべからず。下向の後、貴房にまいりて、くわしく此の旨を申すに、聖人「其の事なり」とのたまう。此また不可思議のことなりかし。

これを解釈すると、「そのころ常陸国那珂西郡大部郷に平太郎なにがしという庶民がいた。聖人の教えを信じて二心がなかった。ある時この平太郎は役務に使われて熊野神社に参詣しなければならなくなり、参詣の是非をお尋ねするために参ったところ、聖人は仰せられた。「（中略）であるから、どの経釈の文によっても専修念仏は成り立つのである。熊野本宮の本地は現在の教主弥陀如来である。（中略）神として現れた本意は、結縁の衆生を弥陀如来の願海に引き入れようとしてである。それであるから弥陀如来の本願を信じてひとえに念仏を専らにする人が、公務に従い領主に従い仕えて霊地に行き社廟に参詣するのは、自分が発起したことではない。それで仏・菩薩の垂迹する神社に参詣するものは、内に虚仮を懐く身なのだから、強いて賢善精進の行儀を押し立てるべきではない。弥陀如来の誓約にまかすべきである。（中略）」と。

平太郎は聖人の教えによって熊野に参詣した。途中の作法を特別に整えた

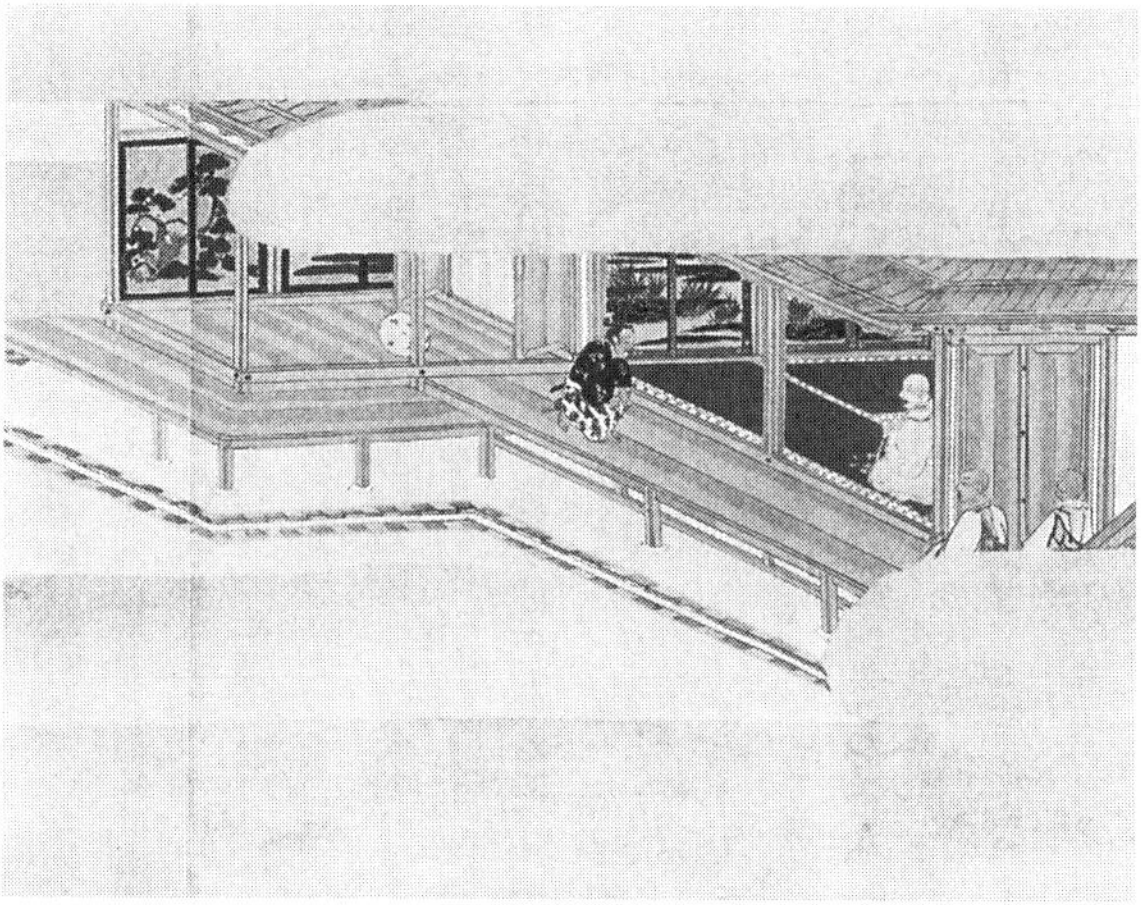

熊野霊告『親鸞伝絵』（東本願寺本）
〔親鸞に熊野詣の是非を尋ねる平太郎。〕

り、精進を守ることはなかった。（中略）果たして何事も起こらず熊野に着いた。その夜、平太郎の夢告に、本宮証誠殿の扉を開いて衣冠を正しく着た俗人が平太郎に、汝は何故にわたくしをないがしろにして汚い穢れた不浄のままで参詣するのか、と言った。その時にその俗人に向かいあって聖人が急に現れられた。聖人のおことばは、かれは善信の教えによって念仏するものである、とのことであった。そこでこの俗人は笏を正しくし敬いの礼を表明して、重ねて言うことはなかった、と見たところで、平太郎の夢はさめた。不思議な思いがしたことはいいようもない。熊野から下ったのち、聖人の住坊にまいって詳しくこのことを申したところ、聖人は、その事であるといわれた。これまた不思議なことである」ということになろう。

すなわち、親鸞は熊野へ代理として参詣することに疑問を持つ平太郎に対して、熊野の本地は阿弥陀仏であるといい、公務として代理に参詣するのであるから、それは自分が発起したことではないと、参詣することを否定しない。そして、ただ一般の参詣者のように、強いて賢善精進を守って参詣してはならない、と忠告するのである。

そして、それを守って熊野に参詣した平太郎の夢で、汚れた姿で参詣した平太郎を叱責《しっせき》する熊野の神の前に親鸞が現れ、平太郎は自分の教えに従って念仏する者だと言うと、神は頭を下げて何も言わなかったという。平太郎は帰途、再び親鸞を訪ねてその話をすると、親鸞はそうであろうと語った、という話である。

真仏因縁

前節で紹介した平太郎の逸話は、前に分類した関東での親鸞伝承の②のパターン、すなわち『御伝鈔』の記述と関東に残る伝承がもともと同じ話であったにもかかわらず、内容に変化が見られるもの、に分類される。『御伝鈔』の記述と同様に、平太郎が領主の命令で熊野に詣でる話ではあるが、随分異なる内容が関東には残されていた。

それは、前にも紹介した室町中期の写本が残る『親鸞聖人御因縁《ごいんねん》』に含まれる「真仏因縁」の逸話である。その話を紹介すると、次のようになる。

真仏上人というのは常陸国横曾根《よこそね》の卑しい田夫・平太郎であったが、領主の佐竹刑部《ぎょうぶ》左衛門末方の熊野詣の人夫として同行することとなった。平太郎は親鸞が「神は迷いの姿、仏は悟りの体であるから、念仏する者は強いて神につかえなくてもよい」と言っていたことを思い出し、道中は他の人夫と異なって精進潔斎しなかった。こうして熊野に到着し、参籠した人々は同じ夢を見た。それは、熊野の証誠殿の神達が現れ、平太郎を三度拝むのである。領主佐竹は、私は常日頃から熊野の神を信仰しているのに、私には何の御利益もなく、どうしてあの身分が低く、しかも参詣の道中を汚したものに御利益を与えるのか、と問うた。すると、熊野の神は、他の参詣者の長生きをしたいとか、金持ちになりたいとか願う息が、三熱《さんねつ》の炎《ほむら》となって私の身を焦がしていた。平太郎は念仏しながら参詣してきたが、それは私の本来の不思議な名前であったから、三熱の炎が冷めて、私の魂は速やかに極楽に帰った。平太郎こそ真の仏であると述べたのである。参籠していた人々は、この同じ夢を見て平太郎の弟子となるものも現れ、人々は平太郎を真仏房と呼んだ。領主佐竹は平太郎を自分の輿に乗せて京都へ行き、朝廷から真仏上人という上人号が与えられた。

前に紹介した『御伝鈔』の「熊野霊告」段に較べると、平太郎の熊野参詣を主題にした逸話であることは同一であるものの、ストーリーの展開には大きな違いがある。

まず、平太郎の熊野参詣は、①『御伝鈔』では代理参詣として一人で参詣しているのに対し、「真仏因縁」では、領主佐竹末方が参詣するときの人夫として同行している点が異なる。次に、②『御伝鈔』では平太郎は京都の親鸞を訪れ、参詣の可否を問うているのに対し、「真仏因縁」では、人夫であれば当然ではあるが、京都に立ち寄らず領主とともに熊野に直行している。さらに、③『御伝鈔』では、熊野の神は平太郎の汚れを叱責し、それを親鸞が救うという話であるのに、「真仏因縁」は熊野の神が平太郎を拝んだことに対し、領主佐竹が平太郎の汚れを非難している。加えて、④熊野の本地が阿弥陀仏であることを、『御伝鈔』では親鸞が語っているが、「真仏因縁」では熊野の神が述べている、等々である。

この二つの逸話についてこれまで言われていることは、この二つの逸話は相当異なった点もあるが、大筋で同工異曲であり、しかも「真仏因縁」の方が原初的であるとされる。そして、覚如が「真仏因縁」を改訂したものが「熊野霊告」であるといわれており、これは極めて妥当な見解であると考える。それでは、こうした違いはどのような事実を表しているのだろうか。

熊野霊告と真仏因縁

『御伝鈔』の「熊野霊告」段と『親鸞聖人御因縁』の「真仏因縁」との間に見られる四つの差違のうち、特に注意しなければならないのは、①の平太郎が熊野に参詣する情況の違いにあると思われる。「熊野霊告」段では平太郎は領主から命じられて一人で代理参詣しているのに対し、「真仏因縁」では領主佐竹末方が熊野詣をするのに同行するときの、人夫の一人として参詣していることである。

この違いが何を生み出しているかというと、②のように、「熊野霊告」段で平太郎は熊野詣の前に京都の親鸞を訪れ、参詣の可否を問うことができたのに、「真仏因縁」では人夫が一人だけ京都に立ち寄ることは許されないから、親鸞に事前に会っていない。そのことにより、③のように、「熊野霊告」段では夢の中に親鸞が現れて、熊野の神の叱責に反論するが、「真仏因縁」では親鸞が熊野に現れる必然性がなくなってしまうのである。

こう整理することにより、覚如による改訂の内容が明らかとなる。すなわち、「真仏因縁」の逸話は平太郎が主人公の物語であったのに対し、『御伝鈔』の「熊野霊告」段は親鸞を主人公にするための改訂と推定しうるのである。

親鸞をこの逸話に登場させ、しかも主人公とするためには、②のように熊野参詣の前に平太郎が京都の親鸞を訪れることにしなければならないから、①のように、平太郎の熊野参詣の情況を、領主佐竹の人夫として同行するのではなく、一人で代理参詣したことにしなければならない。しかも、平太郎が親鸞の教えによって参詣したという話だけでは不十分であるから、③のように、熊野の神が拝したのは平太郎でなく親鸞としなければならなかった。このため、念仏者の参詣を正当化する熊野の神の本地が阿弥陀仏であるといういわゆる「本《ほん》地垂迹説《ちすいじやくせつ》」は、④のように、熊野の神の発言ではなく親鸞の発言にせざるをえなかったのではなかったか。

親鸞が「本地垂迹説《ほんちすいじやくせつ》」に立っていなかったことは明らかで、例えば『教行信証』化身土巻には、『涅槃経《ねはんぎよう》』を引用して「仏に帰依せば、終にまたその余の諸天神に帰依せざれ」と見られたり、『法界次第《ほつかいしだい》』を引用して「仏に帰依せん者、終に更《かえ》ってその余のもろもろの外天神に帰依せざれ」と見られたりするごとくである。

また、現実社会のなかで念仏者が神祇にどう対処すべきかについては、消息において「仏法を深く信じるひとを、天地におられる万《よろず》の神々は、影の形に添うように、護られるので、念仏を信じる身で、天地の神を捨てようと思うことは、ゆめゆめしてはならない」(『御消息集』(広本)九)と述べており、この点、「真仏因縁」における親鸞の「念仏する者は強いて神につかえなくてもよい」との発言とも通底していると思うのである。

江戸時代の平太郎伝

以上のようなことから、通説のように、この平太郎伝承は関東に残された「真仏因縁」に原初性を認めるべきである。ところで、江戸時代の旧跡巡拝記はこの逸話をどのように記述しているのであろうか。

いくつかの巡拝記に見られる平太郎の旧跡・真仏寺の項目を確認すると、まず『遺徳法輪集《いとくほうりんしゅう》』では「当寺は平太郎の末孫にて代々僧形にて平太郎真仏となのれり、（中略）然るにこの平太郎、熊野詣の時、権現、平太郎を真仏上人とのたまひほめたまふといへり」とあり、『大谷遺跡録』では、「真仏寺は、高祖の直弟真仏房の遺跡也、俗名平太郎とて大部の郷の庶民也、公務に駈《から》れて熊野に詣すること御伝抄に委曲《(ママ)》せり」とある。さらに『二十四輩順拝図会』では、「真仏房俗姓は平太郎とて当国大部郷の庶民なり、聖人の御門徒と成りてより専信無二の行者たり、（中略）領主佐竹刑部左衛門尉の歩役に駈《から》れ熊野権現に詣しけるが、権現の霊験を蒙り世に念仏行者の鑑《かがみ》とはなれり」と、これはかなり詳しく記述している。

注意すべきは、『大谷遺跡録』は『御伝鈔』に譲るかたちで真仏寺自体の伝承をあえて述べないものの、『遺徳法輪集』と『二十四輩順拝図会』は、明らかに『御伝鈔』ではなく『親鸞聖人御因縁』の「真仏因縁」と同様の伝承を載せていることである。このことから、江戸時代になってもなお、現地には原初の伝承がそのまま残されていたことが明らかとなり、関東の旧跡寺院が伝えていた伝承の古さが確認されるのである。『遺徳法輪集』と『二十四輩順拝図会』の場合、その伝承は覚如の旧跡巡拝以前から語り継がれた伝承であるとも言えるのである。

それとともに、こうした江戸時代の成立になる旧跡巡拝記が、真宗の聖教として権威をもっていた『御伝鈔』の記事に迎合することなく、当時当地に残されていた伝承をできるだけそのままに記録しようとしたものであることも明らかとなるであろう。

第八章　親鸞の示寂

親鸞の示寂

こうして、親鸞は晩年の二十八年を、関東門弟等の訪問と、その質問に対する返書の執筆、また求められれば聖教類の書写も行い、また一方で、いくつもの著述をなし、主著『教行信証《きようぎようしんしよう》』の改訂にも怠りなく過ごした。この間、建長《けんちよう》七（一二五五）年には五条西洞院《にしのとういん》の住居を火事で失い、押小路《おしこうじ》南万里小路《までのこうじ》東にあった弟尋有《じんゆう》の住坊である善法坊《ぜんぼうぼう》に移転している。

そして、弘長《こうちよう》二（一二六二）年十一月下旬に体調を崩し、その二十八日に示寂する。その様子を『御伝鈔《ごでんしよう》』は以下のように記している。

聖人弘長二歳　壬戌　仲冬《ちゆうとう》下旬の候より、いささか不例の気まします。自爾以来《それよりこのかた》、口に世事《せじ》をまじえず、ただ仏恩《ぶつとん》のふかきことをのぶ。声に余言《よごん》をあらわさず、もっぱら称名たゆることなし。しこうして、同第八日午時頭北面西右脇《ずほくめんさいうきよう》に臥し給いて、ついに念仏の息たえましましおわりぬ。時

洛陽遷化（示寂）『親鸞伝絵』（東本願寺本）

に、頽齢《たいれい》九旬に満ちたまう。禅坊は長安馮翊《ふよく》の辺《ほとり》　押小路南万里小路東　なれば、はるかに河東の路を歴て、洛陽東山の西の麓、鳥部野《とりべの》の南の辺、延仁寺に葬したてまつる。遺骨を拾いて、同山の麓、鳥部野の北、大谷にこれをおさめたてまつりおわりぬ。しかるに、終焉《しゅうえん》にあう門弟、勧化《かんけ》をうけし老若、おのおの在世のいにしえをおもい、滅後のいまを悲みて、恋慕涕《れんぼてい》泣《きゅう》せずということなし。

解釈すると、「聖人は、弘長二年十一月下旬のころから少し病気気味になられた。それよりのちは、世俗のことは口にせず、ただ仏恩の深いことのみを述べられた。声に他の言葉を出されることはなく、専ら称名念仏の絶えることはなかった。そして同月二十八日の午時、頭北面西右脇に臥されて、ついに念仏の息が絶えられた。時に老齢九十歳になっておられた。住坊は京都左京のあたり、押小路南・万里小路東にあったから、そこから遠く鴨川東の路を通って洛東東山の西の麓、鳥部野の南のあたりの延仁寺で葬送した。遺骨を拾って東山のふもとで鳥部野の北辺の大谷に納骨した。終焉にあった門弟や教導を受けた老若は各自聖人在世の昔を思い、なくなられた後の今を悲しんで、慕い泣きせぬものはなかった」ということになる。

この示寂に立ち会った親族は、『恵信尼《えしんに》消息』から知られる末娘の覚信尼、そして、やはり『恵信尼消息』第三通に「益方《ますかた》も御臨終にあいまいらせて候いける」と見られる三男の益方入道有房《ありふさ》であった。また、門弟では晩年の親鸞に随従して、消息の添状を書くこともあった蓮位《れんに》房がいたことであろう。そし

洛陽遷化（荼毘）『親鸞伝絵』（東本願寺本）

て、高田派専修寺所蔵の専信《せんしん》書写『教行信証』の識語《しきご》に、高田の専信《せんしん》と顕智《けんち》とが親鸞の遺骨を拾い収めたという記述があり、同寺には顕智の筆で「鸞聖人の御骨」と書かれた包み紙（「親鸞聖人御遺骨包紙」）が残されていることから、高田門徒の専信と顕智が立ち会ったことは間違いあるまい。

　こうしたわずかな人々に見送られた終焉であったことは、『親鸞伝絵《でんね》』初稿本に近い専修寺本や西本願寺本では、示寂に立ち会う門弟の数が六、七名しか描かれていないことからも明らかである。

親鸞が示寂した押小路南万里小路東の禅坊については、三箇所の候補地があるが、現在顕彰碑が建てられている、中京区の御池通《おいけどおり》柳馬場通《やなぎのばんばどおり》を上がった京都御池中学校辺りであることは明らかで、後に詳しく述べる。

遺骸は押小路南万里小路東の禅坊から鴨川の東の道を通って、東山の麓・鳥辺野の南延仁寺で荼毘《だび》に付された。この荼毘所延仁寺については、大谷本廟（西大谷）の裏手と、今熊野《いまぐまの》から醍醐《だいご》道を登った山の中腹にある、大谷派延仁寺墓所の二箇所が候補地とされているが、いずれも決め手を欠きはっきりとはしない。

また、遺骨は鳥辺野の北・大谷に納められたといい、『親鸞伝絵』専修寺本や西本願寺本によると、笠をもった四角の石柱（笠塔婆《かさとうば》）が墓標として建てられたようである。この大谷の地については、知恩院《ちおんいん》御影堂の東の山の斜面であったというが、江戸時代の初めに知恩院の拡張工事が行われたため、今では全くわからなくなっている。

こうして、親鸞は九十歳の生涯を終えたのである。

押小路南万里小路東の禅坊

親鸞が終焉を迎えた押小路南万里小路東の禅坊については、親鸞の兄弟について述べたところで、すぐ下の弟である尋有の坊舎・善法坊であったと述べた。

ところが、現在京都には親鸞の示寂地候補が三箇所残されている。一つは先に述べた中京区にある京都御池中学校の敷地であり、今ひとつは右京区山ノ内御堂殿町《みどうでんちょう》にある本願寺派の角坊《すみのぼう》別院の地、さらに下京区松原西洞院《まつばらにしのとういん》の大谷派光円寺の地である。このうち、光円寺の地は、松原通が旧五条通であることが知られているから、帰洛した親鸞が比較的長く居住した五条西洞院の旧跡であると考えられる。寺伝ではこの地で示寂した親鸞の遺骸を、善法坊に運んだとも伝えるが、先にも述べたように、五条西洞院の住まいは火事によって焼けてしまったと考えられるので、示寂の地としてはふさわしくない。

問題は角坊別院の地であり、同院の由緒では、平安京は通名も含めて左右対称に造られていたから、押小路万里小路という地名は左京にも右京にもあり、『御伝鈔』の表現から右京の押小路万里小路がふさわしいとして、幕末に西本願寺の別院が建立されたという。

しかし、正嘉《しようか》二（一二五八）年十二月に親鸞を訪ねて、自然法爾《じねんほうに》の法語を聞き書きした顕智は、その奥書に「善法坊僧都《そうず》御坊、三条（正しくは三条坊門）トミノコウチ（富小路）ノ御坊ニテ、聖人ニアイマイラセテノキ、カキ、ソノトキ顕智コレヲカクナリ」、すなわち善法坊僧都（舎弟尋有）の御坊である三条（坊門）富小路の御坊で親鸞にお会いしての聞き書きである。その時顕智がこれを書いた、と記されているが、この三条（坊門）富小路が押小路万里小路と同一の場所であることは明らかである。

そして、御池通柳馬場を上がった京都御池中学校の地は、まさしく三条（坊門）富小路と押小路万里小路によって四方を囲まれた地であるのに対し、角坊別院の地は一ブロックずれてしまうのである。このことから、親鸞示寂の地は、京都御池中学校の地としなければならない。

おわりに

これまで親鸞の伝記は、曾孫の覚如《かくにょ》が制作した『御伝鈔《ごでんしょう》』（『親鸞伝絵《でんね》』）を基礎に置き、『親鸞消息』や『恵信尼《えしんに》消息』など、当事者やその妻が記した第一級の、しかし断片的な記述をもとに、事実をつなぎ合わせるような形で綴られてきた。したがって、その基礎をなした『御伝鈔』の記述から大きく離れる親鸞伝は書かれなかったから、一、二の例外を除いて、描かれた親鸞像は大きく揺れることはなかった。

しかし、本書においては『御伝鈔』（『親鸞伝絵』）も、覚如による関東の親鸞旧跡の探訪と、そこでの親鸞伝承の調査・採集に基づいて行われたから、覚如が採集できなかった伝承や、採集しても『御伝鈔』（『親鸞伝絵』）に反映させなかった伝承や、改訂を加えることで現地の伝承と異なる逸話となってしまったような例が、多々あると考えた。

特に、越後《えちご》や関東の現地に残された親鸞伝承は、江戸時代の巡拝記に数多く残されているが、上記の理由で親鸞伝の世界から遠ざけられ、これまでの親鸞伝に反映されることはほとんどなかったと言える。

本書のねらいは、そうした伝承が江戸期まで語り継がれてきたことの意味を検討し、その伝承が、その時々に親鸞が課題としていた思想の営為を反映したものではないかと考え、それを極力あぶり出そうとしたところにある。

この試みが成功したか否かは読者の御判断に委ねるが、少なくとも『御伝鈔』（『親鸞伝絵』）という絶対視された親鸞伝を相対化し、現地に残された伝承のもつ可能性を浮かび上がらせることはできたのではないかと考えるのである。

＊本書執筆にあたっては、草稿段階で小山正文氏から内容についての貴重なご意見を頂戴し、少なからず修正を加えることができた。末筆ながら厚く感謝申し上げたい。

文庫化にあたって

本書は、㈱筑摩書房より刊行された『シリーズ親鸞』のうち、第六巻『親鸞の伝記—『御伝鈔』の世界』を文庫化したものです。

『シリーズ親鸞』は、二〇一一年、真宗大谷派（東本願寺）が厳修《ごんしゅう》した「宗祖親鸞聖人七五十回御遠忌」を記念して、宗派が筑摩書房の協力を得て出版したものです。シリーズの刊行にあたり、監修を務めた小川一乘氏は、

いま、現代社会に向かって広く「浄土真宗」を開示しようとするのは、宗祖親鸞聖人によって顕《あきら》かにされた「浄土真宗」こそが、今日の社会が直面している人間中心主義の闇を照らし出し、物質文明の繁栄の底に深刻化している人類生存の危機を克服する時機相応の教えであるとの信念に立っているからです。本書を通して一人でも多くの方が、親鸞聖人の教えである「浄土真宗」に出遇っていただき、称名念仏する者となってくださる機縁となりますことを念願しています。

このシリーズは、執筆者各々が役割分担して「浄土真宗」を明らかにしたいと企画されました。そのために、担当する文献や課題を各巻ごとに振り分けて、それぞれを主題として執筆されています。それによって、引用される文献や史資料が各巻にわたって重複することを少なくし、「浄土真宗」の全体が系統的に提示されるようにいたしました。（中略）『シリーズ親鸞』は学術書ではありません。学問的な裏付けを大切にしつつも、読みやすい文章表現になるよう努めました。

と述べています。今回の文庫化にあたっては、その願いを引き継ぎ、さらに多くの方々に手にとってお読みいただけるよう、各執筆者の方々に若干の加筆・修正をお願いいたしました。本書を機縁として、一人でも多くの方が「浄土真宗」に出遇っていただけることを願っています。

最後になりましたが、文庫化にあたってご協力をいただいた㈱筑摩書房様、また、発行をご快諾いただきました著者の草野顕之氏には厚く御礼申しあげます。

二〇一八年一月

東本願寺出版

草野　顕之（くさの　けんし）

1952（昭和27）年生まれ。大谷大学卒。前大谷大学学長。現在、大谷大学教授。文学博士。専門は日本仏教史学。著書『信の念仏者　親鸞』（吉川弘文館）、『戦国期本願寺教団史の研究』（法藏館）、『真宗教団の地域と歴史』（清文堂出版）など。

親鸞《しんらん》の伝記《でんき》—『御伝鈔《ごでんしょう》』の世界《せかい》—

2018（平成30）年２月28日　第１刷発行

著　　者　草野顕之
発 行 者　但馬　弘
編集発行　東本願寺出版（真宗大谷派宗務所出版部）
〒600-8505　京都市下京区烏丸通七条上る
TEL　075-371-9189（販売）
075-371-5099（編集）
FAX　075-371-9211
印刷・製本　中村印刷株式会社
装　　幀　株式会社アンクル

ISBN978-4-8341-0570-4　C0015